Martin Doerry / Markus Verbeet

WIE GUT IST IHRE ALLGEMEINBILDUNG?

Fußball

Der große SPIEGEL-Wissenstest zum Mitmachen

Kiepenheuer & Witsch

Verlag Kiepenheuer & Witsch, FSC®-N001512

1. Auflage 2012

© 2012, Verlag Kiepenheuer & Witsch, Köln
© SPIEGEL-Verlag, Hamburg 2012
Umschlaggestaltung: Barbara Thoben, Köln
Umschlagmotiv: © mipan – www.fotolia.com; sumnersgraphicsinc – www.fotolia.com
Gestaltung und Satz Innenteil: Felder KölnBerlin
Gesetzt aus der Foundry
Druck und Bindung: CPI – Clausen & Bosse, Leck
ISBN 978-3-462-04414-0

INHALT

EINLEITUNG

Die erste Beschimpfung erreichte die SPIEGEL-Redaktion bereits, als dieses Buch noch nicht gedruckt, ja nicht einmal das Manuskript verfasst war. »Fußball???« überschrieb ein Herr Dr. L. seine E-Mail und ließ keinen Zweifel daran, dass er der Redaktion die Rote Karte zeigen wolle. Bisher habe er die Reihe über Allgemeinbildung ja geschätzt, erschienen waren zu diesem Zeitpunkt die Bände zu den Themen Geschichte, Politik & Gesellschaft, Kultur und Religion. Aber dass die Redakteure sich nun nicht den Naturwissenschaften widmen wollten, sondern dieser Ballsportart – also bitte sehr. »Sic transit gloria mundi«, schrieb Dr. L., nicht ohne abschließend zu versichern: »Dies heißt nicht, dass ich kein Fußballfan bin, aber Allgemeinbildung ist anders!«

In der Redaktion stößt der Kritiker auf weitaus größeres Verständnis, als er vermuten mag. Nein, die Autoren dieses Bandes sind keineswegs der Ansicht, dass eine gute Allgemeinbildung die Kenntnis der Abseitsregel beinhaltet. Ja, deshalb ist es durchaus gewagt, dieses Fußballbuch in einer Reihe von Allgemeinbildungsbüchern zu veröffentlichen. Und, nein, weitere Bücher zu wichtigeren Themen sind damit keineswegs ausgeschlossen. Bleibt nur die Frage: Ist das alles nun wirklich so schlimm, vergeht deshalb gleich der Ruhm der Welt? Fußball spielt für viele Menschen eine große Rolle, ohne dass die meisten ihm eine überhöhte Bedeutung beimessen. Fußball ist – vielleicht können sich darauf alle einigen – die unwichtigste Hauptsache der Welt.

Dieses Buch will dementsprechend vor allem Vergnügen bereiten. Der große SPIEGEL-Wissenstest FUSSBALL bietet dazu 150 Fragen unterschiedlichen Schwierigkeitsgrads. Sie zielen auf bekannte Ereignisse, berühmte Spieler und auf manche Skurrilität, die sich auf und neben dem Rasen zugetragen hat. Zugrunde liegt dem Test die Beobachtung, dass viele Menschen mindestens so gerne über Fußball reden, wie selbst zu spielen – und dass sie erstaunlich viel wissen. Die Fachsimpelei, auch die Faktenhuberei ist vermutlich so alt wie das Fußballspiel selbst. Statistiken sind längst eine Selbstverständlichkeit, wenn über Spiele berichtet wird; neben Tabellen und Torjägerlisten bieten die Medien allwöchentlich eine Fülle an Fakten.

Neuerdings sind etwa bei SPIEGEL ONLINE für jeden Bundesligaspieler nach jedem Bundesligaspiel rund zwanzig Kennziffern zu lesen: eine metergenaue Angabe der zurückgelegten Strecke, die Prozentzahl gewonnener Zweikämpfe oder aber die Zahl der Torschüsse aus einer Distanz von mehr als 16 Metern. Mit dieser Vermessung des Spiels setzt sich SPIEGEL-Reporter Cordt Schnibben in seinem Essay ab Seite 133 auseinander. Er beschreibt, wie Computer jedes Spiel der ersten und zweiten Liga in Zahlenkolonnen verwandeln. Davon profitieren seiner Meinung nach nicht nur die Trainer, sondern auch die Fans – das Reden über Fußball werde schlauer.

Wie groß Ihr Wissen ist, können Sie mit den 150 Fragen herausfinden. Wie es geht, erklärt die Gebrauchsanweisung auf Seite 13. Den Fragenkatalog ergänzen zwei Interviews mit prominenten Stürmern. Im ersten erzählt Uwe Seeler, Ehrenspielführer der Nationalmannschaft, unter anderem, was er von Sepp Herberger gelernt hat: »Der Ball ist schneller, als du laufen kannst« (Seite 141). Im zweiten berichtet einer der erfolgreichsten Stürmer von heute,

Mario Gomez, wie er mit dem Druck der Fans umgeht: »Wenn man sich zu viele Gedanken macht, klappt meistens gar nichts« (Seite 153).

Wenn man sich zu viele Gedanken macht, klappt meistens nichts – für einen Stürmer mag dieser Satz im Strafraum ein tauglicher Leitspruch sein. Wer sich am Wissenstest versuchen will, sollte sich wohl besser ein anderes Motto suchen. Eine der vielen Erkenntnisse des Lothar Matthäus etwa: Wir dürfen den Sand nicht in den Kopf stecken. In diesem Sinn wünschen die Autoren viel Vergnügen mit dem neuen SPIEGEL-Wissenstest FUSSBALL!

DER GROSSE SPIEGEL-WISSENSTEST

Fußball

DIE GEBRAUCHSANWEISUNG

1 Wie ist der Test aufgebaut?

Der Test besteht aus fünf Runden: Qualifikation, Vorrunde, Viertelfinale, Halbfinale, Finale. In jeder Runde sind 30 Fragen zu beantworten.

2 Wie mache ich mit?

Nehmen Sie einen Stift in die Hand und halten Sie eine Uhr mit Sekundenzeiger im Blick. Los geht's – Sie haben 30 Sekunden pro Aufgabe. Wenn Sie bis dahin keine Antwort gefunden haben, springen Sie zur nächsten Aufgabe.

3 Wie ermittle ich mein Ergebnis?

Vergleichen Sie Ihre Antworten mit den Lösungen ab Seite 95. Für jede richtige Antwort geben Sie sich einen Punkt. In jeder Runde können Sie also maximal 30 Punkte erreichen – und insgesamt 150 Punkte.
Ob Ihr Ergebnis Sie als Anfänger oder Profi ausweist, sehen Sie auf Seite 129.

DIE FRAGEN
QUALIFIKATION

WM-Qualifikationsspiel im November 1989: Deutschland – Wales 2:1

FRAGE 1

An Gott kommt keiner vorbei. Außer ...

1	Pierre Littbarski.	O
2	Thomas Häßler.	O
3	Stan Libuda.	Ø
4	Franz Beckenbauer.	O

FRAGE 2

Wer ist der erste nicht in Deutschland geborene Nationalspieler, der mehr als 100 Länderspiele absolviert hat?

1	Lukas Podolski	O
2	Mario Gomez	O
3	Pierre Littbarski	O
4	Miroslav Klose	Ø

FRAGE 3

Wie lautet die Übersetzung des italienischen Wortes Catenaccio?

1	Kurzpassspiel	O
2	Sperrkette/Riegel	Ø
3	Zeitschinderei	O
4	Angriffsfußball	O

FRAGE 4

Welche Weisheit ist nicht von Sepp Herberger, sondern einem anderen Trainer?

1   Lebbe geht weider.

2   Der Ball ist rund.

3   Das Spiel dauert 90 Minuten.

4   Nach dem Spiel ist vor dem Spiel.

FRAGE 5

Welcher Spieler beschrieb sein Erfolgsrezept mit den Worten »Manni Bananenflanke, ich Kopf, Tor«?

1   Uwe Seeler   O
2   Dieter Hoeneß   O
3   Horst Hrubesch   O
4   Rudi Völler   O

FRAGE 6

Der berühmteste Versprecher der Sport-TV-Geschichte: Im »Aktuellen Sportstudio« sprach Carmen Thomas von ...

1   FC Bayern Dortmund.   O
2   Eintracht Köln.   O
3   Hannover 97.   O
4   Schalke 05.   O

FRAGE 7

Was zeigen die Fans des FC St. Pauli gern auf ihren Flaggen?

1   Schwert   O
2   Kanone   O
3   Totenkopf   ⊗
4   Lanze   O

FRAGE 8

Welches Spiel wird »el clásico« genannt?

1   AC Mailand – Inter Mailand   O
2   Real Madrid – FC Barcelona   ⊗
3   Manchester United – Manchester City   O
4   Glasgow Rangers – Celtic Glasgow   O

FRAGE 9

Wie beendete Giovanni Trapattoni seine Wutrede?

1   »Hier stehe ich und kann nicht anders«   O
2   »Was erlauben Strunz«   O
3   »Ich habe fertig!«   ⊗
4   »Wie eine Flasche leer«   O

FRAGE 10

**Wie viele Gelbe Karten bedeuten in der Bundesliga
eine Sperre von einem Spiel?**

1   7   O
2   5   ⊗
3   3   O
4   1   O

FRAGE 11

Bei der Fußball-Weltmeisterschaft 1998 wurde der
französische Polizist Daniel Nivel von Hooligans
lebensgefährlich verletzt. Woher kamen die Täter?

1 Deutschland   O
2 Frankreich   O
3 England   O
4 Italien   O

FRAGE 12

Welcher Verein wird oft »Alte Dame« genannt?

1 1. FC Köln   O
2 Real Madrid   O
3 FC Liverpool   O
4 Juventus Turin   Ø

FRAGE 13

Bei welchem englischen Verein ist der russische
Geschäftsmann Roman Abramowitsch engagiert?

1 Arsenal   O
2 FC Chelsea   Ø
3 Manchester United   O
4 Manchester City   O

FRAGE 14

Wer erhält diese Trophäe?

1   DFB-Pokalsieger
2   Weltmeister
3   Deutscher Meister
4   Sieger der Champions League

**Die Bundesliga wurde 1963/64 gegründet.
Welcher Verein gehört ihr seitdem an?**

1   Hamburger SV   ⌀

2   1. FC Köln   O

3   FC Bayern München   O

4   Borussia Dortmund   O

FRAGE 16

**Wer war Präsident des Organisationskomitees der
Weltmeisterschaft 2006?**

1   Franz Beckenbauer   X

2   Angela Merkel   ·

3   Theo Zwanziger   ·

4   Horst Köhler   ·

FRAGE 17

Wer hat in der Bundesliga die meisten Tore erzielt?

1 Jupp Heynckes   O
2 Manfred Burgsmüller   O O
3 Gerd Müller   O
4 Klaus Fischer   O

FRAGE 18

Die Frau des englischen Kickers David Beckham ist als Sängerin welcher Band bekannt geworden?

1 Atomic Kitten
2 Sugababes
3 Spice Girls
4 Girls Aloud

Wer wurde sowohl als Spieler als auch als Trainer/Teamchef Weltmeister?

1   Berti Vogts   O
2   Franz Beckenbauer   Ⓧ
3   Rudi Völler   O
4   Jürgen Klinsmann   O

FRAGE 20

Mit welchem Unternehmen hat der Hoffenheimer Mäzen Dietmar Hopp sein Vermögen verdient?

1   SAP   O
2   Daimler   O
3   Bosch   O
4   BASF   O

FRAGE 21

Wer hat die meisten Länderspiele für die DDR absolviert?

1   Matthias Sammer   O
2   Joachim Streich   O
3   Ulf Kirsten   O
4   Jürgen Sparwasser   O

FRAGE 22

Welche deutsche Spielerin wurde dreimal hintereinander, von 2003 bis 2005, zur Weltfußballerin
des Jahres gewählt?

1 Silvia Neid   O
2 Inka Grings   O
3 Lira Bajramaj   O
4 Birgit Prinz   ·   O

FRAGE 23

Welcher Verein
hat dieses Tier
als Maskottchen?

1. FC Köln

Bei der WM 1974 verlor die Bundesrepublik Deutschland, der spätere Weltmeister, in der ersten Finalrunde ein Spiel. Gegen wen?

1   DDR   O
2   Niederlande   O
3   Jugoslawien   O
4   Chile   O

Welcher Verein gewann von 1974 bis 1976 dreimal hintereinander den Europapokal der Landesmeister?

1   Atlético Madrid   O
2   Bayern München   O
3   Leeds United   O
4   AS Saint-Etienne   O

2007 errang in Österreich ein Verein den Meistertitel, der den Namen eines Getränks im Vereinsnamen trägt. Um welches Getränk handelt es sich?

1   Melange   O
2   Zweigelt   O
3   Red Bull   X
4   Jagertee   O

FRAGE 27

Diego Maradona berief sich nach einem Tor bei der WM 1986 auf göttliche Unterstützung. Mit welchem Körperteil erzielte er das Tor?

1   Hand
2   Kopf
3   Arm
4   Fuß

FRAGE 28

Der Stürmer Klaus Fischer war vor allem für die Tore bekannt, die er folgendermaßen erzielte: per

1 Kopfball.   O
2 Fallrückzieher.   O
3 Freistoß.   O
4 Dribbling.   O

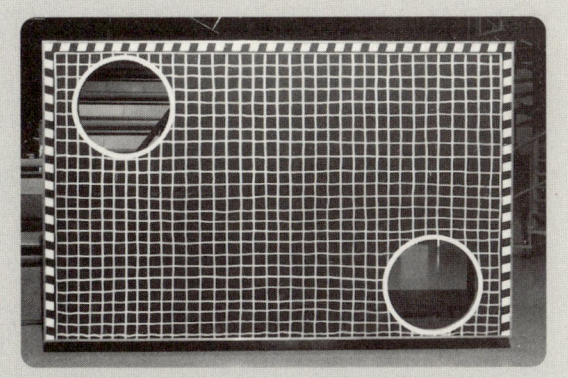

FRAGE 29

In welcher Fernsehsendung wird auf eine Torwand geschossen?

1 »Sportschau«
2 »Ran«
3 »Hattrick«
4 »Das Aktuelle Sportstudio«

FRAGE 30

Die 84. Minute des WM-Endspiels 1954: Wer müsste laut Radiomoderator Herbert Zimmermann aus dem Hintergrund schießen (und tut es dann auch)?

1   Max Morlock   O

2   Fritz Walter   O

3   Helmut Rahn   Ø

4   Sepp Herberger   O

DIE FRAGEN
VORRUNDE

Vorrundenspiel der WM 2006: Deutschland – Polen 1:0

FRAGE 31

Bei der EM 2000 schied Deutschland schon in der Gruppenphase aus, Tiefpunkt war eine 0:3-Niederlage im letzten Gruppenspiel. Gegen wen?

1   Rumänien   O
2   Portugal   O
3   England   O
4   Kroatien   O

FRAGE 32

Welcher Verein wurde nach dem Wiederaufstieg in die Bundesliga sogleich deutscher Meister?

1   1. FC Köln   O
2   VfL Wolfsburg   O
3   1. FC Kaiserslautern   Ø
4   VfB Stuttgart   O

FRAGE 33

Nick Hornby beschreibt in »Fever Pitch« die Liebe zu einem Londoner Verein. Welchem?

1   Arsenal   O
2   Chelsea   O
3   Fulham   O
4   Tottenham Hotspur   O

FRAGE 34

Welcher Club profitierte besonders von der
Unterstützung des Stasi-Chefs Erich Mielke?

1 Dynamo Dresden
2 BFC Dynamo
3 FC Carl Zeiss Jena
4 1. FC Lokomotive Leipzig

FRAGE 35

Wie groß muss bei einem Freistoß der Abstand
zwischen Mauer und Ball mindestens sein?

1 rund 5 Meter   O
2 9,15 Meter   O
3 11 Meter   O
4 15 Meter   O

Wo steht das größte deutsche Fußballstadion?

1 Dortmund   O

2 München   O

3 Berlin   O

4 Gelsenkirchen   O

2

FRAGE 37

Wenn von »Zebras« die Rede ist, dann meinen Fußballfans die Spieler dieses Vereins:

MSV Duisburg

FRAGE 38

1986 gelang Bayer Uerdingen nach einem 1:3-Rück-
stand zur Halbzeitpause ein sensationeller Sieg
gegen Dynamo Dresden. Wie lautete der Endstand?

1	5:3	O
2	7:3	O
3	8:4	O
4	10:5	O

FRAGE 39

Energie Cottbus schrieb im April 2001 Bundesliga-
Geschichte. Beim Spiel gegen Wolfsburg standen
so viele Ausländer in der Startelf:

1	8	O
2	9	O
3	10	O
4	11	O

FRAGE 40

Wer schoss im Finale der WM 1990 das Elfmetertor
zum 1:0-Sieg?

1	Lothar Matthäus	O
2	Guido Buchwald	O
3	Andreas Brehme	X
4	Rudi Völler	O

FRAGE 41

Womit erzeugten viele Fans bei der WM 2010 sehr großen Lärm?

1 Pauke   O
2 Trompete   O
3 Vuvuzela   Ⓧ
4 Klatschen   O

FRAGE 42

Bei welchem Verein ist der italienische Politiker Silvio Berlusconi engagiert?

1 SSC Neapel   O
2 AC Mailand   O
3 Inter Mailand   O
4 Juventus Turin   O

FRAGE 43

Wer hält mit 150 Einsätzen den Rekord in der deutschen Fußballnationalmannschaft?

1 Jürgen Klinsmann   O
2 Franz Beckenbauer   O
3 Lothar Matthäus   Ⓧ
4 Jürgen Kohler   O

FRAGE 44

Finale der Champions League 1997: Lars Ricken entschied das Spiel mit seinem Treffer zum 3:1 für Borussia Dortmund. Wer war der Gegner?

1   Juventus Turin
2   Real Madrid
3   Manchester United
4   Ajax Amsterdam

FRAGE 45

Sepp Herberger hatte die längste Amtszeit als
deutscher Nationaltrainer. Bevor er 1964 abtrat,
war er so viele Jahre im Amt:

2

1   4   O
2   7   O
3   14   O
4   28   O

FRAGE 46

1973 wechselte sich Günter Netzer in einem wichtigen Spiel selbst ein und erzielte kurz darauf ein Tor.
Was gewann seine Mannschaft damit?

1   Deutsche Meisterschaft
2   DFB-Pokal
3   Europameisterschaft
4   Europapokal der Landesmeister

FRAGE 47

1958 wurde Pelé mit der brasilianischen Nationalmannschaft erstmals Weltmeister, im Finale erzielte
er zwei Tore. Wie alt war er zu diesem Zeitpunkt?

1   15   O
2   17   O
3   19   O
4   21   O

FRAGE 48

Die Entscheidung im Finale der Europameisterschaft
1996 gelang Oliver Bierhoff per ...

1   Silver Goal.   •
2   Golden Goal.   •
3   Freistoß.   •
4   Elfmeter.   •

Wer prophezeite nach dem WM-Sieg 1990: »Es tut mir leid für den Rest der Welt, aber wir werden in den nächsten Jahren nicht zu besiegen sein«?

1 Franz Beckenbauer O
2 Berti Vogts O
3 Helmut Kohl O
4 Hermann Neuberger O

Wie wurde 2000 der designierte Bundestrainer Christoph Daum des Kokainkonsums überführt?

1 Überwachungskamera O
2 V-Mann der Polizei O
3 Blutprobe O
4 Haaranalyse O

Welchen Durchmesser hat ein Fußball (normale Größe bei Erwachsenenspielen)? Zirka

1 12 Zentimeter O
2 22 Zentimeter O
3 32 Zentimeter O
4 42 Zentimeter O

FRAGE 52

**Wer wurde Torschützenkönig bei der Fußball-
Weltmeisterschaft 2002?**

1 Miroslav Klose (Deutschland)   O
2 Rivaldo (Brasilien)   O
3 Ronaldo (Brasilien)   O
4 Christian Vieri (Italien)   O

FRAGE 53

**Wann wurde der
Europapokal der
Landesmeister in
Champions League
umbenannt?**

1 1972   ●
2 1982   ●
3 1992   ●
4 2002   ●

FRAGE 54

Wofür sah Zinedine Zidane im Finale der WM 2006 die Rote Karte?

1 Schiedsrichterbeleidigung   O
2 Blutgrätsche   O
3 Handspiel   O
4 Kopfstoß   O

FRAGE 55

Wo hat der Deutsche Fußball-Bund seinen Sitz?

1 München   O
2 Berlin   O
3 Frankfurt am Main   O
4 Baden-Baden   O

FRAGE 56

Wie heißt eine berühmte Fußballspielerin, die mehrfach zur Weltfußballerin gekürt wurde?

1 Marta   O
2 Berta   O
3 Lotha   O
4 Ronalda   O

FRAGE 57

Welcher Deutsche war/ist Teamchef der deutschen und der US-amerikanischen Nationalmannschaft?

1   Franz Beckenbauer   O

2   Berti Vogts   O

3   Erich Ribbeck   O

4   Jürgen Klinsmann   O

FRAGE 58

Wie lang ist ein Fußballfeld nach FIFA-Standards?

1   65 Meter   O

2   85 Meter   O

3   105 Meter   O

4   125 Meter   O

FRAGE 59

Gegen wen schied Deutschland bei der Fußball-Weltmeisterschaft 2010 aus?

1   Uruguay   O

2   England   O

3   Argentinien   O

4   Spanien   O

FRAGE 60

Wann gewann Deutschland erstmals die Fußball-
Europameisterschaft?

1 1972   O
2 1974   O
3 1980   O
4 1996   O

2

DIE FRAGEN
VIERTELFINALE

Viertelfinale der WM 2010: Argentinien – Deutschland 0:4

FRAGE 61

George Best bekundete: Ich habe viel Geld für
Alkohol, Frauen und schnelle Autos ausgegeben.
Den Rest habe ich ...

1 angelegt.   O
2 verloren.   O
3 verprasst.   O
4 gespendet.   O

FRAGE 62

Im Halbfinale der WM 1970 zwischen Italien und
Deutschland erzielte ein Deutscher in der Nachspielzeit den Treffer zum 1:1-Ausgleich. Es war
ausgerechnet ...

1 Uwe Seeler.   O
2 Franz Beckenbauer.   O
3 Sepp Maier.   O
4 Karl-Heinz Schnellinger.   O

FRAGE 63

Die Erzählung »Die Angst des Tormanns beim Elfmeter«
wird oft zitiert. Wer hat sie geschrieben?

1 Heinrich Böll   O
2 Peter Handke   O
3 Günter Grass   O
4 Martin Walser   O

FRAGE 64

Welcher bekannte deutsche Regisseur begleitete die deutsche Fußball-Nationalmannschaft während der Weltmeisterschaft 2006?

1   Roland Emmerich   O

2   Sönke Wortmann   O

3   Wolfgang Petersen   O

4   Dieter Wedel   O

FRAGE 65

In den 1930er-Jahren gewann der FC Schalke 04 zahlreiche Meistertitel. Das Kurzpassspiel von Kuzorra und anderen wurde bekannt als ...

1   Magisches Dreieck.

2   Schalker Riegel.

3   Schalker Kreisel.

4   Viererkette.

FRAGE 66

Welcher dieser Trainer war am längsten im Amt?

1 Volker Finke (Freiburg)   O
2 Otto Rehhagel (Bremen)   O
3 Winfried Schäfer (Karlsruhe)   O
4 Jürgen Klopp (Mainz)   O

FRAGE 67

Wie breit ist ein Fußballtor nach FIFA-Standards?

1 3,32 Meter   O
2 7,32 Meter   O
3 9,15 Meter   O
4 11 Meter   O

FRAGE 68

Welches Land hat die Frauen-Fußballweltmeisterschaft 2011 gewonnen?

1 Deutschland   O
2 Japan   O
3 USA   O
4 Schweden   O

FRAGE 69

Finale der Champions League 1999: Bayern München verlor in den letzten Minuten des Spiels gegen Manchester United. Welcher Spieler war bereits ausgewechselt?

1   Oliver Kahn
2   Lothar Matthäus
3   Thorsten Fink
4   Stefan Effenberg

FRAGE 70

Bei der WM 2002 wurde ein Torwart als bester Spieler des Turniers ausgezeichnet, dem im Finale ein schwerer Fehler unterlief. Um wen handelt es sich?

1   Jens Lehmann   O
2   Bodo Illgner   O
3   Eike Immel   O
4   Oliver Kahn   O

FRAGE 71

Im Halbfinale des DFB-Pokals 1991 genehmigte Kölns Trainer Erich Rutemöller seinem Stürmer Frank Ordenewitz eine Unsportlichkeit. Mit welchen Worten?

1   Hau drauf, Frank   O
2   Rot oder Leben   O
3   Mach et, Otze   O
4   Wir fahren nach Berlin   O

FRAGE 72

Welche Bundesliga-Mannschaft wurde in den 1970er-Jahren als Fohlenelf bezeichnet?

1   Werder Bremen   O
2   Bayern München   O
3   Borussia Mönchengladbach   O
4   Schalke 04   O

FRAGE 73

Welcher Popstar sang den offiziellen Song der WM 2010?

1 Madonna   O
2 Lady Gaga   O
3 Shakira   O
4 Christina Aguilera   O

FRAGE 74

Die Allianz-Arena in München kann in verschiedenen Farben erstrahlen. In welcher Farbe nicht?

1 Weiß   ▪
2 Rot   ▪
3 Blau   ▪
4 Grün   ▪

Wer trat aus Wut über seine Auswechslung 1997 am Spielfeldrand in eine Werbetonne?

1 Lothar Matthäus   O
2 Mehmet Scholl   O
3 Mario Basler   O
4 Jürgen Klinsmann   O

Wofür warb Eintracht Braunschweig ab 1973 auf den Trikots?

1 Marlboro   O
2 Warsteiner   O
3 Jägermeister   O
4 McDonald's   O

Seit Borussia Dortmund 2000 an die Börse gegangen ist, ist der Kurs der Aktie im Vergleich zum Ausgabepreis ...

1 stark gestiegen.   O
2 ungefähr gleich geblieben.   O
3 stark gefallen.   O
4 stark um den Ausgabepreis schwankend.   O

FRAGE 78

Welcher Torwart erklärte die Niederlage Deutschlands im WM-Finale 1986 mit den Worten: »Ich habe gehalten wie ein Arsch, sonst wären wir Weltmeister«?

1   Uli Stein   O
2   Bodo Illgner   O
3   Toni Schumacher   O
4   Sepp Maier   O

FRAGE 79

Wer ist das?

Bundesliga-Finale 1986: Michael Kutzop konnte Werder Bremen am vorletzten Spieltag mit einem Schuss die Meisterschaft bescheren, aber er scheiterte ...

1   am Schiedsrichter.   O
2   an einem Schwächeanfall.   O
3   am Pfosten.   O
4   am Torwart.   O

Bei der WM 2010 trat eine Mannschaft nach großem Streit in den Streik und boykottierte das Training. Um welches Nationalteam handelt es sich?

1   Deutschland   O
2   Frankreich   O
3   Russland   O
4   USA   O

Welchen Verein kostete eine Cola-Büchse einen 7:1-Sieg in einem Europapokal-Spiel?

1   Borussia Dortmund   O
2   Borussia Mönchengladbach   O
3   Bayer Uerdingen   O
4   Bayer Leverkusen   O

FRAGE 83

Wer gewann bei der Fußball-Weltmeisterschaft 2010 den »Goldenen Schuh«?

1   David Villa (Spanien)

2   Wesley Sneijder (Niederlande)

3   Thomas Müller (Deutschland)

4   Diego Forlán (Uruguay)

FRAGE 84

Im Endspiel um den Pokal der Landesmeister 1985
zwischen FC Liverpool und Juventus Turin kam es
zu einer Massenpanik. Viele Menschen starben.
Wo fand das Spiel statt?

1   London   O
2   Berlin   O
3   Rom   O
4   Brüssel   O

FRAGE 85

Wer ist der letzte Deutsche, der zum Weltfußballer
des Jahres gewählt wurde?

1   Gerd Müller   O
2   Lothar Matthäus   O
3   Franz Beckenbauer   O
4   Oliver Kahn   O

FRAGE 86

Finale im Europapokal der Landesmeister 1983:
Wer erzielte das Tor zum 1:0-Sieg des Hamburger SV
gegen Juventus Turin?

1   Kevin Keegan   O
2   Ernst Happel   O
3   Felix Magath   O
4   Horst Hrubesch   O

FRAGE 87

Die EM 1992 gewann ein Außenseiter mit dem Schlachtruf: »We are red, we are white, we are ... Dynamite.« Um welches Land handelt es sich?

1 Schweiz   O
2 England   O
3 Polen   O
4 Dänemark   O

FRAGE 88

Wie viele Mitglieder hat der Fußballweltverband FIFA? Ungefähr

1 50
2 100
3 150
4 200

Wie heißt das Lied, das der Torjäger Gerd Müller Ende der 1960er-Jahre aufnahm?

1   Dann macht es bumm   O

2   Das kann gefährlich sein   O

3   Die Fußballliebe ist ein seltsames Spiel   O

4   Das sind zwei linke Schuh   O

1966 gewann erstmals ein deutscher Verein einen europäischen Wettbewerb, den Europapokal der Pokalsieger. Welcher?

1   Eintracht Frankfurt   O

2   1. FC Kaiserslautern   O

3   Borussia Dortmund   O

4   Bayern München   O

DIE FRAGEN
HALBFINALE

Halbfinale der WM 1970: Italien – Deutschland 4:3 n.V.

Welche Sportart übten die Bundesliga-Profis Manfred Burgsmüller, Axel Kruse und Ingo Anderbrügge nach ihrer Fußball-Karriere aus?

4

1   Handball   O
2   Triathlon   O
3   American Football   O
4   Kunstturnen   O

FRAGE 92

Wer veröffentlichte eine Biografie mit dem Titel »Ich bin doch kein Tor«?

1   Toni Schumacher   O
2   Oliver Kahn   O
3   Sepp Maier   O
4   Jens Lehmann   O

FRAGE 93

»Unmännlich, übertrieben gefühlsbetont und deshalb unangebracht«: Mit dieser Begründung untersagte der Weltfußballverband 1981 eine bestimmte Form des Torjubels. Welche?

1   Salti   O
2   Küsse   O
3   Herunterziehen der Hose   O
4   Ausziehen des Trikots   O

FRAGE 94

Welcher der folgenden Vereine ist am häufigsten in die
erste Liga auf- und aus ihr wieder abgestiegen?

1	FC St. Pauli	O
2	VfL Bochum	O
3	1. FC Nürnberg	O
4	MSV Duisburg	O

FRAGE 95

Im WM-Finale 1966 in Wembley entschied Schiedsrichter Dienst in der 101. Spielminute nach einer
Verständigung mit einem seiner beiden Linienrichter
auf Tor. Woher kam dieser Linienrichter?

1	Schweiz	•
2	England	•
3	Deutschland	•
4	Sowjetunion	•

FRAGE 96

Die Moderatoren Marcel Reif und Günther Jauch
mussten 1998 die Zeit bis zum Anpfiff eines Champions-
League-Spiels von Borussia Dortmund überbrücken,
weil ein Tor defekt war. Wo fand das Spiel statt?

1   Dortmund   O
2   Madrid   O
3   Manchester   O
4   Mailand   O

FRAGE 97

Wie schwer ist ein Fußball (normale Größe bei
Erwachsenenspielen)? Ungefähr

1   110 Gramm   O
2   430 Gramm   O
3   850 Gramm   O
4   1,2 Kilogramm   O

FRAGE 98

Bei der WM 1978 schied die Bundesrepublik Deutschland
als amtierender Weltmeister nach einer 2:3-Niederlage
aus. Gegen wen?

1   DDR   O
2   Österreich   O
3   Argentinien   O
4   Italien   O

FRAGE 99

2002 wird Bayer Leverkusen in drei Wettbewerben Zweiter. Wer war der Trainer?

1   Christoph Daum
2   Klaus Toppmöller
3   Reiner Calmund
4   Rudi Völler

FRAGE 100

Welcher Spieler wurde im Jahr 2006 überraschend
für das Aufgebot der deutschen Nationalmannschaft
nominiert und wechselte nach der WM zum spanischen
Club Betis Sevilla?

1	Mario Gomez	O
2	Thomas Müller	O
3	David Odonkor	O
4	Bernd Schuster	O

FRAGE 101

1974 gewann zum einzigen Mal ein Verein aus der
DDR-Oberliga einen europäischen Wettbewerb, den
Europapokal der Pokalsieger. Welcher?

1	1. FC Magdeburg	O
2	Carl Zeiss Jena	O
3	Lokomotive Leipzig	O
4	Dynamo Dresden	O

FRAGE 102

In welcher Stadt waren noch nicht zwei verschiedene
Fußballvereine in der Ersten Bundesliga?

1	Stuttgart	O
2	Frankfurt	O
3	Berlin	O
4	Köln	O

FRAGE 103

1958 starben zahlreiche Spieler von Manchester United bei einem Unfall. Wie kamen sie zu Tode?

1   Schiffsuntergang   O
2   Bahnkarambolage   O
3   Flugzeugabsturz   O
4   Busunfall   O

FRAGE 104

Die deutsche Fußballnationalmannschaft spielte 1974 einen Song ein. Er hieß:

1   Football's coming home
2   Wir sind schon auf dem Brenner
3   Ja, der Fußball ist rund wie die Welt
4   Fußball ist unser Leben

FRAGE 105

Borussia Mönchengladbach gelang 1978 gegen Borussia Dortmund der höchste Sieg der Bundesliga-Geschichte. Wie lautete der Endstand?

1   6:0   O
2   9:0   O
3   12:0   O
4   15:0   O

FRAGE 106

Nach der Wende wechselten etliche Stars der DDR zu Clubs in den Westen. Wer landete beim VfB Stuttgart?

1   Ulf Kirsten   O
2   Matthias Sammer   O
3   Andreas Thom   O
4   Thomas Doll   O

FRAGE 107

In der Saison 2004/2005 überstand ein Zweitligist die Qualifikation und die Gruppenphase im UEFA-Cup. Um welchen Verein handelt es sich?

1   Alemannia Aachen   O
2   Fortuna Köln   O
3   Greuther Fürth   O
4   Stuttgarter Kickers   O

FRAGE 108

**Die Robert-Enke-Stiftung setzt sich unter anderem
für die Aufklärung über folgende Krankheit ein:**

1   Leukämie
2   Diabetes
3   Depressionen
4   Aids

Wo findet die WM 2018 statt?

1	Katar	O
2	Russland	O
3	England	O
4	Noch unklar	O

4

Welcher Spieler wurde zweimal Torschützenkönig der Bundesliga, aber nie für eine EM oder WM in die Nationalmannschaft berufen?

1	Ulf Kirsten	O
2	Klaus Allofs	O
3	Dieter Müller	O
4	Martin Max	O

Welcher Verein gewann als erster Zweitligist den DFB-Pokal?

1	Hannover 96	O
2	Kickers Offenbach	O
3	Stuttgarter Kickers	O
4	Fortuna Köln	O

Welche Bedeutung hat dieses Zeichen des
Schiedsrichter-Assistenten?

1   Auswechslung

2   Einwurf

3   Eckstoß

4   Abseits

Bei der WM 1982 spielte ein Brüderpaar für Deutschland: Es waren die Brüder ...

1   Müller.   O

2   Rummenigge.   O

3   Walter.   O

4   Förster.   O

FRAGE 114

Der Deutsche Fußball-Bund verbot Frauenfußball
mit folgender Begründung: »Im Kampf um den Ball
verschwindet die weibliche Anmut, Körper und Seele
erleiden unweigerlich Schaden.« Wann?

1   1910   O
2   1928   O
3   1955   O
4   1974   O

FRAGE 115

Im Finale der EM 1976 drosch Uli Hoeneß den
Elfmeter in den Nachthimmel von ...

1   Berlin.
2   Belgrad.
3   Rom.
4   Athen.

FRAGE 116

Welchem französischen Verein wurde 1993 der Meister-titel wegen einer Bestechungsaffäre aberkannt?

1 Olympique Lyon   O
2 Paris Saint-Germain   O
3 Girondins Bordeaux   O
4 Olympique Marseille   O

FRAGE 117

Bei Olympischen Spielen dürfen die Fußballspieler grundsätzlich nicht älter als 23 Jahre alt sein. Wie viele ältere Spieler pro Team sind maximal erlaubt?

1 0   O
2 1   O
3 2   O
4 3   O

FRAGE 118

Nach dem Pfostenbruch vom Bökelberg wurden die Holztore in der Bundesliga durch Aluminiumtore ersetzt. Wann war das?

1 1951   O
2 1971   O
3 1991   O
4 2001   O

FRAGE 119

Ein bekannter Torwart hat gemeinsam mit seiner
Ehefrau den Roman »Alles« über Hans Eckenhauer,
Stefan Zoffe und andere geschrieben. Wie heißt
dieser Autor?

1   Bodo Illgner   O
2   Eike Immel   O
3   Manuel Neuer   O
4   Tim Wiese   O

4

FRAGE 120

Wie viele Menschen sind Mitglieder in deutschen
Fußballvereinen? Ungefähr

1   570 000   O
2   2,7 Millionen   O
3   4,7 Millionen   O
4   6,7 Millionen   O

DIE FRAGEN
FINALE

Finale der EM 1996: Deutschland – Tschechien 2:1 n.V.

5

FRAGE 121

Roland Wohlfarth flog 1995 als erster Doping-Sünder im deutschen Profifußball auf. Wegen welchen Doping-mittels?

1 Appetitzügler   O
2 Epo   O
3 Anabolika   O
4 Nandrolon   O

FRAGE 122

Wodurch wurde der TSV Vestenbergsgreuth in Fußball-kreisen bekannt?

1 Aufstieg in die Zweite Bundesliga   O
2 Heimatverein von Franz Beckenbauer   O
3 DFB-Pokalsieg gegen Bayern München   O
4 Gar nicht   O

FRAGE 123

Welcher Torwart erzielte in der Bundesliga erstmals ein Tor aus dem laufenden Spiel heraus (kein Straf- oder Freistoß)?

1 Oliver Kahn   O
2 Jens Lehmann   O
3 Toni Schumacher   O
4 Manuel Neuer   O

FRAGE 124

Wer war 1966 die gastgebende Mannschaft beim mit 827 zahlenden Zuschauern am schwächsten besuchten Bundesligaspiel der Geschichte?

1 FC St. Pauli   O
2 1860 München   O
3 Alemannia Aachen   O
4 Tasmania Berlin   O

FRAGE 125

Welche Tageszeitung retuschiert auf ihren Fußballfotos die Trikot- und Bandenwerbung?

1 Die Tageszeitung, Berlin
2 Der Tagesspiegel, Berlin
3 Die Berliner Morgenpost
4 Die Berliner Zeitung

FRAGE 126

Der Südafrikaner Sean Dundee wurde im Dezember
1996 eingebürgert, um in der deutschen Nationalmannschaft spielen zu können. In wie vielen Spielen
kam er in der Nationalelf zum Einsatz?

1 0   O
2 10   O
3 20   O
4 30   O

FRAGE 127

Wer war die erste Frau, die die »Sportschau«
moderierte?

1 Anke Engelke   O
2 Anne Will   O
3 Dagmar Berghoff   O
4 Monica Lierhaus   O

FRAGE 128

Was legt die 5-Jahres-Wertung der UEFA fest?

1 Verteilung der Fernsehgelder unter den Vereinen   O
2 Qualifikation für die nächste Europameisterschaft O
3 Startplätze der Landesverbände im Europapokal   O
4 Austragungsorte der Endspiele im Europapokal   O

FRAGE 129

Welche Bedeutung hat dieses Zeichen des Schiedsrichters?

1 Tor
2 Abstoß
3 Indirekter Freistoß
4 Abseits

FRAGE 130

Wer hat die meisten Spiele in der Zweiten Liga bestritten?

1 Joaquin Montanes   O
2 Willi Landgraf   O
3 Karl-Heinz Schulz   O
4 Hans Wulf   O

FRAGE 131

Welcher Verein wurde nach dem Manipulations-skandal 2006 zum Abstieg aus der 1. italienischen Liga verurteilt?

1   Juventus Turin   O
2   Lazio Rom   O
3   AC Florenz   O
4   AC Mailand   O

FRAGE 132

Aus welcher Sportart stammt die Abseitsregel?

1   American Football   O
2   Baseball   O
3   Rugby   O
4   Hockey   O

FRAGE 133

1980 standen nur deutsche Vereine im Halbfinale des UEFA-Pokals, nämlich die vier folgenden. Wer gewann durch ein Tor von Fred Schaub den Pokal?

1   Borussia Mönchengladbach   O
2   VfB Stuttgart   O
3   FC Bayern München   O
4   Eintracht Frankfurt   O

FRAGE 134

Finale der Champions League 2005: Der spätere
Sieger Liverpool lag gegen den AC Mailand scheinbar
aussichtslos zurück. Wie stand es zur Halbzeitpause?

1   0:4

2   0:3

3   0:2

4   0:1

FRAGE 135

Wer war der erste Gegner einer deutschen National-mannschaft nach dem Ersten Weltkrieg und auch nach dem Zweiten Weltkrieg?

1 Schweiz O

2 Österreich O

3 Belgien O

4 Frankreich O

FRAGE 136

Wer wurde 1963/64 erster Meister der Bundesliga?

1 Meidericher SV O

2 Schalke 04 O

3 Eintracht Frankfurt O

4 1. FC Köln O

FRAGE 137

Welche dieser Nationen wurde am häufigsten Afrika-Meister?

1 Ägypten O

2 Nigeria O

3 Algerien O

4 Elfenbeinküste O

FRAGE 138

Dem Duisburger Spieler Michael Tönnies gelang 1991
ein Rekord-Hattrick in der Bundesliga: Die drei Tore
erzielte er binnen ...

1   5 Minuten.
2   10 Minuten.
3   20 Minuten.
4   30 Minuten.

Der Bundesliga-Skandal 1971 wurde bekannt, als der Präsident eines Vereins, Horst-Gregorio Canellas, Tonbandmitschnitte publik machte, die Bestechungen belegten. Welchem Verein stand er vor?

1	Hertha BSC	O
2	Arminia Bielefeld	O
3	MSV Duisburg	O
4	Kickers Offenbach	O

Wo findet die EM 2016 statt?

1	Frankreich	O
2	Türkei	O
3	Italien	O
4	Deutschland	O

Wer war mal Trainer der deutschen Nationalmann-schaft?

1	Ernst Happel	O
2	Kuno Klötzer	O
3	Hennes Weisweiler	O
4	Otto Nerz	O

FRAGE 142

2001 wurde Schalke nur »Meister der Herzen«, weil Bayern München am letzten Spieltag in Hamburg noch der 1:1-Ausgleich gelang. Wer schoss das Freistoßtor?

1 Effenberg
2 Andersson
3 Matthäus
4 Basler

FRAGE 143

Was ist kein Fußball-Spielsystem?

1 EM-System   O
2 WM-System   O
3 4-2-4   O
4 4-4-2   O

Ein Bundesligist wurde 2009 kritisiert, weil es in seiner Vereinshymne heißt: »Mohammed war ein Prophet, der vom Fußballspielen nichts versteht.« Um welchen Verein handelt es sich?

1   1. FC Köln   O
2   1. FC Nürnberg   O
3   FC Schalke 04   O
4   VfB Stuttgart   O

FRAGE 145

Bei der WM 1982 gab es einen 1:0-Sieg Deutschlands gegen Österreich (»Schande von Gijón«). Dieses Ergebnis bedeutete das Aus für eine andere Nationalmannschaft. Welche?

1   Chile
2   Italien
3   Frankreich
4   Algerien

FRAGE 146

Welches war der erste Privatsender, der neben der
»Sportschau« Zusammenfassungen der Samstagsspiele der Bundesliga zeigte?

1   Pro7   O
2   Sat.1   O
3   RTL   O
4   DSF   O

FRAGE 147

Wer fällte das Bosman-Urteil, das u. a. das Transfersystem nachhaltig veränderte?

1   UEFA-Kommission für Rechtsfragen   ▪
2   Bundesverfassungsgericht   ▪
3   Internationaler Sportgerichtshof (CAS)   ▪
4   Europäischer Gerichtshof   ▪

FRAGE 148

Bundesliga-Abstiegskampf 1999: Welcher Verein stieg völlig überraschend ab?

1   Eintracht Frankfurt   O
2   1. FC Kaiserslautern   O
3   1. FC Nürnberg   O
4   Hansa Rostock   O

FRAGE 149

Arminia Bielefeld engagierte 2009 vor dem letzten Spieltag einen neuen Trainer. Der Klassenerhalt wurde trotzdem nicht erreicht, der Trainer musste gleich wieder gehen. Um wen handelt es sich?

1   Peter Neururer   O
2   Jörg Berger   O
3   Hans Meyer   O
4   Rudi Gutendorf   O

FRAGE 150

Was bekamen die Nationalspielerinnen als Siegprämie beim Gewinn der EM 1989?

1   Freikarten für Männer-WM   O
2   Neue Trikots   O
3   Eine Million D-Mark   O
4   Kaffeeservice   O

DIE AUFLÖSUNG

QUALIFIKATION

FRAGE 1

An Gott kommt keiner vorbei. Außer ...

Stan Libuda.

FRAGE 2

Wer ist der erste nicht in Deutschland geborene Nationalspieler, der mehr als 100 Länderspiele absolviert hat?

Miroslav Klose

FRAGE 3

Wie lautet die Übersetzung des italienischen Wortes Catenaccio?

Sperrkette/Riegel

FRAGE 4

Welche Weisheit ist nicht von Sepp Herberger, sondern einem anderen Trainer?

Lebbe geht weider.

FRAGE 5

Welcher Spieler beschrieb sein Erfolgsrezept mit den Worten »Manni Bananenflanke, ich Kopf, Tor«?

Horst Hrubesch

FRAGE 6

Der berühmteste Versprecher der Sport-TV-Geschichte: Im »Aktuellen Sportstudio« sprach Carmen Thomas von …

Schalke 05.

FRAGE 7

Was zeigen die Fans des FC St. Pauli gern auf ihren Flaggen?

Totenkopf

FRAGE 8

Welches Spiel wird »el clásico« genannt?

Real Madrid – FC Barcelona

FRAGE 9

Wie beendete Giovanni Trapattoni seine Wutrede?

»Ich habe fertig!«

FRAGE 10

Wie viele Gelbe Karten bedeuten in der Bundesliga eine
Sperre von einem Spiel?

5

FRAGE 11

Bei der Fußball-Weltmeisterschaft 1998 wurde der
französische Polizist Daniel Nivel von Hooligans
lebensgefährlich verletzt. Woher kamen die Täter?

Deutschland

FRAGE 12

Welcher Verein wird oft »Alte Dame« genannt?

Juventus Turin

FRAGE 13

Bei welchem englischen Verein ist der russische
Geschäftsmann Roman Abramowitsch engagiert?

FC Chelsea

FRAGE 14

Wer erhält diese
Trophäe?

Deutscher Meister

FRAGE 15

Die Bundesliga wurde 1963/64 gegründet. Welcher
Verein gehört ihr seitdem an?

Hamburger SV

FRAGE 16

Wer war Präsident des Organisationskomitees der
Weltmeisterschaft 2006?

Franz Beckenbauer

FRAGE 17

Wer hat in der Bundesliga die meisten Tore erzielt?

Gerd Müller

FRAGE 18

Die Frau des englischen Kickers David Beckham ist als
Sängerin welcher Band bekannt geworden?

Spice Girls

FRAGE 19

Wer wurde sowohl als Spieler als auch als Trainer/
Teamchef Weltmeister?

Franz Beckenbauer

FRAGE 20

Mit welchem Unternehmen hat der Hoffenheimer
Mäzen Dietmar Hopp sein Vermögen verdient?

SAP

FRAGE 21

Wer hat die meisten Länderspiele für die DDR
absolviert?

Joachim Streich

FRAGE 22

Welche deutsche Spielerin wurde dreimal hintereinander, von 2003 bis 2005, zur Weltfußballerin
des Jahres gewählt?

Birgit Prinz

FRAGE 23

Welcher Verein hat dieses Tier als Maskottchen?

1. FC Köln

FRAGE 24

Bei der WM 1974 verlor die Bundesrepublik Deutschland, der spätere Weltmeister, in der ersten Finalrunde ein Spiel. Gegen wen?

DDR

FRAGE 25

Welcher Verein gewann von 1974 bis 1976 dreimal hintereinander den Europapokal der Landesmeister?

Bayern München

FRAGE 26

2007 errang in Österreich ein Verein den Meistertitel, der den Namen eines Getränks im Vereinsnamen trägt. Um welches Getränk handelt es sich?

Red Bull

FRAGE 27

Diego Maradona berief sich nach einem Tor bei der WM 1986 auf göttliche Unterstützung. Mit welchem Körperteil erzielte er das Tor?

Hand

FRAGE 28

Der Stürmer Klaus Fischer war vor allem für die Tore bekannt, die er folgendermaßen erzielte: per

Fallrückzieher.

FRAGE 29

In welcher Fernsehsendung wird auf eine Torwand geschossen?

»Das Aktuelle Sportstudio«

FRAGE 30

Die 84. Minute des WM-Endspiels 1954: Wer müsste laut Radiomoderator Herbert Zimmermann aus dem Hintergrund schießen (und tut es dann auch)?

Helmut Rahn

VORRUNDE

FRAGE 31

Bei der EM 2000 schied Deutschland schon in der Gruppenphase aus, Tiefpunkt war eine 0:3-Niederlage im letzten Gruppenspiel. Gegen wen?

Portugal

FRAGE 32

Welcher Verein wurde nach dem Wiederaufstieg in die Bundesliga sogleich deutscher Meister?

1. FC Kaiserslautern

FRAGE 33

Nick Hornby beschreibt in »Fever Pitch« die Liebe zu einem Londoner Verein. Welchem?

Arsenal

FRAGE 34

Welcher Club profitierte besonders von der Unterstützung des Stasi-Chefs Erich Mielke?

BFC Dynamo

FRAGE 35

Wie groß muss bei einem Freistoß der Abstand
zwischen Mauer und Ball mindestens sein?

9,15 Meter

FRAGE 36

Wo steht das größte deutsche Fußballstadion?

Dortmund

FRAGE 37

Wenn von »Zebras« die Rede ist, dann meinen Fußballfans die Spieler dieses Vereins:

MSV Duisburg

FRAGE 38

1986 gelang Bayer Uerdingen nach einem 1:3-Rückstand
zur Halbzeitpause ein sensationeller Sieg gegen Dynamo
Dresden. Wie lautete der Endstand?

7:3

FRAGE 39

Energie Cottbus schrieb im April 2001 Bundesliga-
Geschichte. Beim Spiel gegen Wolfsburg standen so
viele Ausländer in der Startelf:

11

FRAGE 40

Wer schoss im Finale der WM 1990 das Elfmetertor
zum 1:0-Sieg?

Andreas Brehme

FRAGE 41

Womit erzeugten viele Fans bei der WM 2010 sehr
großen Lärm?

Vuvuzela

FRAGE 42

Bei welchem Verein ist der italienische Politiker Silvio
Berlusconi engagiert?

AC Mailand

FRAGE 43

Wer hält mit 150 Einsätzen den Rekord in der deutschen
Fußballnationalmannschaft?

Lothar Matthäus

FRAGE 44

Finale der Champions League 1997: Lars Ricken
entschied das Spiel mit seinem Treffer zum 3:1 für
Borussia Dortmund. Wer war der Gegner?

Juventus Turin

FRAGE 45

Sepp Herberger hatte die längste Amtszeit als
deutscher Nationaltrainer. Bevor er 1964 abtrat,
war er so viele Jahre im Amt:

28

FRAGE 46

1973 wechselte sich Günter Netzer in einem wichtigen
Spiel selbst ein und erzielte kurz darauf ein Tor. Was
gewann seine Mannschaft damit?

DFB-Pokal

FRAGE 47

1958 wurde Pelé mit der brasilianischen Nationalmannschaft erstmals Weltmeister, im Finale erzielte er zwei
Tore. Wie alt war er zu diesem Zeitpunkt?

17

FRAGE 48

Die Entscheidung im Finale der Europameisterschaft
1996 gelang Oliver Bierhoff per ...

Golden Goal.

FRAGE 49

Wer prophezeite nach dem WM-Sieg 1990: »Es tut mir leid für den Rest der Welt, aber wir werden in den nächsten Jahren nicht zu besiegen sein«?

Franz Beckenbauer

FRAGE 50

Wie wurde 2000 der designierte Bundestrainer Christoph Daum des Kokainkonsums überführt?

Haaranalyse

FRAGE 51

Welchen Durchmesser hat ein Fußball (normale Größe bei Erwachsenenspielen)? Zirka

22 Zentimeter

FRAGE 52

Wer wurde Torschützenkönig bei der Fußball-Weltmeisterschaft 2002?

Ronaldo (Brasilien)

FRAGE 53

Wann wurde der Europapokal der Landesmeister in Champions League umbenannt?

1992

FRAGE 54

Wofür sah Zinedine Zidane im Finale der WM 2006 die
Rote Karte?

Kopfstoß

FRAGE 55

Wo hat der Deutsche Fußball-Bund seinen Sitz?

Frankfurt am Main

FRAGE 56

Wie heißt eine berühmte Fußballspielerin, die mehrfach
zur Weltfußballerin gekürt wurde?

Marta

FRAGE 57

Welcher Deutsche war/ist Teamchef der deutschen und
der US-amerikanischen Nationalmannschaft?

Jürgen Klinsmann

FRAGE 58

Wie lang ist ein Fußballfeld nach FIFA-Standards?

105 Meter

FRAGE 59

Gegen wen schied Deutschland bei der Fußball-
Weltmeisterschaft 2010 aus?

Spanien

FRAGE 60

Wann gewann Deutschland erstmals die Fußball-
Europameisterschaft?

1972

VIERTELFINALE

FRAGE 61

George Best bekundete: Ich habe viel Geld für
Alkohol, Frauen und schnelle Autos ausgegeben.
Den Rest habe ich ...

verprasst.

FRAGE 62

Im Halbfinale der WM 1970 zwischen Italien und
Deutschland erzielte ein Deutscher in der Nachspielzeit
den Treffer zum 1:1-Ausgleich. Es war ausgerechnet ...

Karl-Heinz Schnellinger.

FRAGE 63

Die Erzählung »Die Angst des Tormanns beim Elfmeter«
wird oft zitiert. Wer hat sie geschrieben?

Peter Handke

FRAGE 64

Welcher bekannte deutsche Regisseur begleitete die
deutsche Fußball-Nationalmannschaft während der
Weltmeisterschaft 2006?

Sönke Wortmann

FRAGE 65

In den 1930er-Jahren gewann der FC Schalke 04 zahlreiche Meistertitel. Das Kurzpassspiel von Kuzorra und
anderen wurde bekannt als ...

Schalker Kreisel.

FRAGE 66

Welcher dieser Trainer war am längsten im Amt?

Volker Finke (Freiburg)

FRAGE 67

Wie breit ist ein Fußballtor nach FIFA-Standards?

7,32 Meter

LÖSUNGEN

FRAGE 68

Welches Land hat die Frauen-Fußballweltmeisterschaft 2011 gewonnen?

Japan

FRAGE 69

Finale der Champions League 1999: Bayern München verlor in den letzten Minuten des Spiels gegen Manchester United. Welcher Spieler war bereits ausgewechselt?

Lothar Matthäus

FRAGE 70

Bei der WM 2002 wurde ein Torwart als bester Spieler des Turniers ausgezeichnet, dem im Finale ein schwerer Fehler unterlief. Um wen handelt es sich?

Oliver Kahn

FRAGE 71

Im Halbfinale des DFB-Pokals 1991 genehmigte Kölns Trainer Erich Rutemöller seinem Stürmer Frank Ordenewitz eine Unsportlichkeit. Mit welchen Worten?

Mach et, Otze

FRAGE 72

Welche Bundesliga-Mannschaft wurde in den 1970er-Jahren als Fohlenelf bezeichnet?

Borussia Mönchengladbach

FRAGE 73

Welcher Popstar sang den offiziellen Song der WM 2010?

Shakira

FRAGE 74

Die Allianz-Arena in München kann in verschiedenen Farben erstrahlen. In welcher Farbe nicht?

Grün

FRAGE 75

Wer trat aus Wut über seine Auswechslung 1997 am Spielfeldrand in eine Werbetonne?

Jürgen Klinsmann

FRAGE 76

Wofür warb Eintracht Braunschweig ab 1973 auf den Trikots?

Jägermeister

FRAGE 77

Seit Borussia Dortmund 2000 an die Börse gegangen ist, ist der Kurs der Aktie im Vergleich zum Ausgabepreis ...

stark gefallen.

FRAGE 78

Welcher Torwart erklärte die Niederlage Deutschlands im WM-Finale 1986 mit den Worten: »Ich habe gehalten wie ein Arsch, sonst wären wir Weltmeister«?

Toni Schumacher

FRAGE 79

Wer ist das?

Johan Cruyff

FRAGE 80

Bundesliga-Finale 1986: Michael Kutzop konnte Werder Bremen am vorletzten Spieltag mit einem Schuss die Meisterschaft bescheren, aber er scheiterte ...

am Pfosten.

FRAGE 81

Bei der WM 2010 trat eine Mannschaft nach großem Streit in den Streik und boykottierte das Training. Um welches Nationalteam handelt es sich?

Frankreich

FRAGE 82

Welchen Verein kostete eine Cola-Büchse einen 7:1-Sieg in einem Europapokal-Spiel?

Borussia Mönchengladbach

FRAGE 83

Wer gewann bei der Fußball-Weltmeisterschaft 2010 den »Goldenen Schuh«?

Thomas Müller (Deutschland)

FRAGE 84

Im Endspiel um den Pokal der Landesmeister 1985 zwischen FC Liverpool und Juventus Turin kam es zu einer Massenpanik. Viele Menschen starben. Wo fand das Spiel statt?

Brüssel

FRAGE 85

Wer ist der letzte Deutsche, der zum Weltfußballer des Jahres gewählt wurde?

Lothar Matthäus

FRAGE 86

Finale im Europapokal der Landesmeister 1983:
Wer erzielte das Tor zum 1:0-Sieg des Hamburger SV gegen Juventus Turin?

Felix Magath

FRAGE 87

Die EM 1992 gewann ein Außenseiter mit dem Schlachtruf: »We are red, we are white, we are … Dynamite.« Um welches Land handelt es sich?

Dänemark

FRAGE 88

Wie viele Mitglieder hat der Fußballweltverband FIFA? Ungefähr

200

FRAGE 89

Wie heißt das Lied, das der Torjäger Gerd Müller Ende der 1960er-Jahre aufnahm?

Dann macht es bumm

1966 gewann erstmals ein deutscher Verein einen europäischen Wettbewerb, den Europapokal der Pokalsieger. Welcher?

Borussia Dortmund

HALBFINALE

FRAGE 91

Welche Sportart übten die Bundesliga-Profis Manfred Burgsmüller, Axel Kruse und Ingo Anderbrügge nach ihrer Fußball-Karriere aus?

American Football

FRAGE 92

Wer veröffentlichte eine Biografie mit dem Titel »Ich bin doch kein Tor«?

Sepp Maier

FRAGE 93

»Unmännlich, übertrieben gefühlsbetont und deshalb unangebracht«: Mit dieser Begründung untersagte der Weltfußballverband 1981 eine bestimmte Form des Torjubels. Welche?

Küsse

FRAGE 94

Welcher der folgenden Vereine ist am häufigsten in die erste Liga auf- und aus ihr wieder abgestiegen?

1. FC Nürnberg

FRAGE 95

Im WM-Finale 1966 in Wembley entschied Schiedsrichter Dienst in der 101. Spielminute nach einer Verständigung mit einem seiner beiden Linienrichter auf Tor. Woher kam dieser Linienrichter?

Sowjetunion

FRAGE 96

Die Moderatoren Marcel Reif und Günther Jauch mussten 1998 die Zeit bis zum Anpfiff eines Champions-League-Spiels von Borussia Dortmund überbrücken, weil ein Tor defekt war. Wo fand das Spiel statt?

Madrid

FRAGE 97

Wie schwer ist ein Fußball (normale Größe bei Erwachsenenspielen)? Ungefähr

430 Gramm

FRAGE 98

Bei der WM 1978 schied die Bundesrepublik Deutschland als amtierender Weltmeister nach einer 2:3-Niederlage aus. Gegen wen?

Österreich

FRAGE 99

2002 wird Bayer Leverkusen in drei Wettbewerben Zweiter. Wer war der Trainer?

Klaus Toppmöller

FRAGE 100

Welcher Spieler wurde im Jahr 2006 überraschend für das Aufgebot der deutschen Nationalmannschaft nominiert und wechselte nach der WM zum spanischen Club Betis Sevilla?

David Odonkor

FRAGE 101

1974 gewann zum einzigen Mal ein Verein aus der DDR-Oberliga einen europäischen Wettbewerb, den Europa-pokal der Pokalsieger. Welcher?

1. FC Magdeburg

FRAGE 102

In welcher Stadt waren noch nicht zwei verschiedene Fußballvereine in der Ersten Bundesliga?

Frankfurt

FRAGE 103

1958 starben zahlreiche Spieler von Manchester United bei einem Unfall. Wie kamen sie zu Tode?

Flugzeugabsturz

FRAGE 104

Die deutsche Fußballnationalmannschaft spielte 1974 einen Song ein. Er hieß:

Fußball ist unser Leben

FRAGE 105

Borussia Mönchengladbach gelang 1978 gegen Borussia Dortmund der höchste Sieg der Bundesliga-Geschichte. Wie lautete der Endstand?

12:0

FRAGE 106

Nach der Wende wechselten etliche Stars der DDR zu Clubs in den Westen. Wer landete beim VfB Stuttgart?

Matthias Sammer

FRAGE 107

In der Saison 2004/2005 überstand ein Zweitligist
die Qualifikation und die Gruppenphase im UEFA-Cup.
Um welchen Verein handelt es sich?

Alemannia Aachen

FRAGE 108

Die Robert-Enke-Stiftung setzt sich unter anderem für
die Aufklärung über folgende Krankheit ein:

Depressionen

FRAGE 109

Wo findet die WM 2018 statt?

Russland

FRAGE 110

Welcher Spieler wurde zweimal Torschützenkönig
der Bundesliga, aber nie für eine EM oder WM in die
Nationalmannschaft berufen?

Martin Max

FRAGE 111

Welcher Verein gewann als erster Zweitligist den
DFB-Pokal?

Hannover 96

FRAGE 112

Welche Bedeutung
hat dieses Zeichen
des Schiedsrichter-
Assistenten?

Auswechslung

FRAGE 113

Bei der WM 1982 spielte ein Brüderpaar für Deutschland: Es waren die Brüder ...

Förster.

FRAGE 114

Der Deutsche Fußball-Bund verbot Frauenfußball
mit folgender Begründung: »Im Kampf um den Ball
verschwindet die weibliche Anmut, Körper und Seele
erleiden unweigerlich Schaden.« Wann?

1955

FRAGE 115

Im Finale der EM 1976 drosch Uli Hoeneß den Elfmeter
in den Nachthimmel von ...

Belgrad.

FRAGE 116

Welchem französischen Verein wurde 1993 der Meistertitel wegen einer Bestechungsaffäre aberkannt?

Olympique Marseille

FRAGE 117

Bei Olympischen Spielen dürfen die Fußballspieler
grundsätzlich nicht älter als 23 Jahre alt sein. Wie
viele ältere Spieler pro Team sind maximal erlaubt?

3

FRAGE 118

Nach dem Pfostenbruch vom Bökelberg wurden die
Holztore in der Bundesliga durch Aluminiumtore
ersetzt. Wann war das? .

1971

FRAGE 119

Ein bekannter Torwart hat gemeinsam mit seiner
Ehefrau den Roman »Alles« über Hans Eckenhauer,
Stefan Zoffe und andere geschrieben. Wie heißt
dieser Autor?

Bodo Illgner

FRAGE 120

Wie viele Menschen sind Mitglieder in deutschen Fußball-vereinen? Ungefähr

6,7 Millionen

FINALE

FRAGE 121

Roland Wohlfarth flog 1995 als erster Doping-Sünder im deutschen Profifußball auf. Wegen welchen Doping-mittels?

Appetitzügler

FRAGE 122

Wodurch wurde der TSV Vestenbergsgreuth in Fußball-kreisen bekannt?

DFB-Pokalsieg gegen Bayern München

FRAGE 123

Welcher Torwart erzielte in der Bundesliga erstmals ein Tor aus dem laufenden Spiel heraus (kein Straf- oder Freistoß)?

Jens Lehmann

FRAGE 124

Wer war 1966 die gastgebende Mannschaft beim mit 827 zahlenden Zuschauern am schwächsten besuchten Bundesligaspiel der Geschichte?

Tasmania Berlin

FRAGE 125

Welche Tageszeitung retuschiert auf ihren Fußballfotos die Trikot- und Bandenwerbung?

Die Tageszeitung, Berlin

FRAGE 126

Der Südafrikaner Sean Dundee wurde im Dezember 1996 eingebürgert, um in der deutschen National-mannschaft spielen zu können. In wie vielen Spielen kam er in der Nationalelf zum Einsatz?

0

FRAGE 127

Wer war die erste Frau, die die »Sportschau« moderierte?

Anne Will

FRAGE 128

Was legt die 5-Jahres-Wertung der UEFA fest?

Startplätze der Landesverbände im Europapokal

FRAGE 129

Welche Bedeutung
hat dieses Zeichen
des Schiedsrichters?

Indirekter Freistoß

FRAGE 130

Wer hat die meisten Spiele in der Zweiten Liga
bestritten?

Willi Landgraf

FRAGE 131

Welcher Verein wurde nach dem Manipulationsskandal
2006 zum Abstieg aus der 1. italienischen Liga verurteilt?

Juventus Turin

FRAGE 132

Aus welcher Sportart stammt die Abseitsregel?

Rugby

FRAGE 133

1980 standen nur deutsche Vereine im Halbfinale des
UEFA-Pokals, nämlich die vier folgenden. Wer gewann
durch ein Tor von Fred Schaub den Pokal?

Eintracht Frankfurt

124

Finale der Champions League 2005: Der spätere Sieger
Liverpool lag gegen den AC Mailand scheinbar aussichtslos zurück. Wie stand es zur Halbzeitpause?

0:3

FRAGE 135

Wer war der erste Gegner einer deutschen Nationalmannschaft nach dem Ersten Weltkrieg und auch nach
dem Zweiten Weltkrieg?

Schweiz

FRAGE 136

Wer wurde 1963/64 erster Meister der Bundesliga?

1. FC Köln

FRAGE 137

Welche dieser Nationen wurde am häufigsten Afrika-
Meister?

Ägypten

FRAGE 138

Dem Duisburger Spieler Michael Tönnies gelang 1991 ein
Rekord-Hattrick in der Bundesliga: Die drei Tore erzielte
er binnen ...

5 Minuten.

FRAGE 139

Der Bundesliga-Skandal 1971 wurde bekannt, als der Präsident eines Vereins, Horst-Gregorio Canellas, Tonbandmitschnitte publik machte, die Bestechungen belegten. Welchem Verein stand er vor?

Kickers Offenbach

FRAGE 140

Wo findet die EM 2016 statt?

Frankreich

FRAGE 141

Wer war mal Trainer der deutschen Nationalmannschaft?

Otto Nerz

FRAGE 142

2001 wurde Schalke nur »Meister der Herzen«, weil Bayern München am letzten Spieltag in Hamburg noch der 1:1-Ausgleich gelang. Wer schoss das Freistoßtor?

Andersson

FRAGE 143

Was ist kein Fußball-Spielsystem?

EM-System

FRAGE 144

Ein Bundesligist wurde 2009 kritisiert, weil es in seiner Vereinshymne heißt: »Mohammed war ein Prophet, der vom Fußballspielen nichts versteht.« Um welchen Verein handelt es sich?

FC Schalke 04

FRAGE 145

Bei der WM 1982 gab es einen 1:0-Sieg Deutschlands gegen Österreich (»Schande von Gijón«). Dieses Ergebnis bedeutete das Aus für eine andere Nationalmannschaft. Welche?

Algerien

FRAGE 146

Welches war der erste Privatsender, der neben der »Sportschau« Zusammenfassungen der Samstagsspiele der Bundesliga zeigte?

RTL

FRAGE 147

Wer fällte das Bosman-Urteil, das u. a. das Transfersystem nachhaltig veränderte?

Europäischer Gerichtshof

FRAGE 148

Bundesliga-Abstiegskampf 1999: Welcher Verein stieg völlig überraschend ab?

1. FC Nürnberg

FRAGE 149

Arminia Bielefeld engagierte 2009 vor dem letzten Spieltag einen neuen Trainer. Der Klassenerhalt wurde trotzdem nicht erreicht, der Trainer musste gleich wieder gehen. Um wen handelt es sich?

Jörg Berger

FRAGE 150

Was bekamen die Nationalspielerinnen als Siegprämie beim Gewinn der EM 1989?

Kaffeeservice

DAS ERGEBNIS

Meine Punktzahl

QUALIFIKATION: ☐ Punkte

VORRUNDE: ☐ Punkte

VIERTELFINALE: ☐ Punkte

HALBFINALE: ☐ Punkte

FINALE: ☐ Punkte

Insgesamt: ☐ Punkte

0 – 24 Punkte: Versager
Wembley-Tor, welches Wembley-Tor? Sie denken bestimmt noch heute, dass das Spiel in Wimbledon stattgefunden hat.

25 – 49 Punkte: Kreisligist
Na gut, Sie wissen bestimmt, dass das berühmte Wembley-Tor in einem Spiel zwischen England und der Bundesrepublik Deutschland erzielt worden ist.

50–74 Punkte: Nachwuchstalent

Gar nicht schlecht, vermutlich ohne großes Nachdenken können Sie sagen: Das Wembley-Tor ist im Finale der Weltmeisterschaft 1966 gefallen (oder auch nicht gefallen, aber diesen Streit wollen wir hier nicht anheizen).

75–99 Punkte: Bundesligakicker

Ja, für Sie ist 1966, als wäre es gestern, den Namen des Schützen des Wembley-Tors haben Sie locker parat: Geoff Hurst.

100–124 Punkte: Nationalspieler

Oh, Sie wissen bestimmt auch noch grob den Verlauf dieses großen Spiels: Mit dem Wembley-Tor ging England 3:2 in Führung, der Endstand lautete 4:2.

125–150 Punkte: Weltstar

Oh, ein echter Kenner! Sie können vermutlich auch sagen, wie der zweite Linienrichter heißt, der beim Wembley-Tor gar nicht eingegriffen hat (genau, Karol Galba aus der Tschechoslowakei).

Wenn Sie wissen wollen, wie sich einer an dieses Spiel erinnert, der auf dem Platz dabei war, lesen Sie das Interview ab Seite 141: Der damalige Kapitän der deutschen Nationalelf Uwe Seeler erzählt, wie er und seine Mannschaftskollegen nach der Niederlage doch noch feiern konnten.

WAS WIR WISSEN – UND WAS NICHT

DER NACKTE PROFI – ÜBER DIE VERMESSUNG DES FUSSBALLSPIELS

Will man wissen, wie viele Meter Kriminaloberkommissar Fabian Boll im Spiel gegen Eintracht Frankfurt läuft? Will man lesen, mit wie vielen Metern pro Sekunde sein Gegenspieler Alex Meier sprintet? Will man wissen, wie viele Pässe die Spieler des FC St. Pauli durchschnittlich pro Spiel schlagen? Nein, man will das nicht wissen, nicht jeder, aber der Trainer will es wissen, und die Fans des FC St. Pauli wollen es wissen.

Und darum sitzen vier junge Männer in einer schmalen Kabine unter dem Dach der Frankfurter Commerzbank-Arena und bearbeiten mit stummer Ernsthaftigkeit die zappelnden Figuren auf den fünf Bildschirmen vor ihnen. Unter ihnen, auf dem Rasen, spielt Eintracht Frankfurt gegen den FC St. Pauli, vor ihnen auf den Bildschirmen bewegen sich 22 Außerirdische, die aussehen wie auf die Erde gebeamt: Die Figuren haben entweder eine rote Hülle, dann ist alles gut, oder eine weiße, dann ist es schlecht, oder eine giftig blaue, dann ist es ganz schlecht. Die Software soll die Bewegungen der 22 Spieler in die 2-D-Version dieses Fußballspiels übersetzen. Also so etwas wie das bewegliche Röntgenbild der 90 Minuten kreieren.

Was soll das? Ist nicht das Hin und Her, das Rauf und Runter von 22 Hochleistungssportlern, taktisch geschult, athletisch geformt, der ästhetische Genuss, der Sinn des Fußballs, das Drama des Unplanbaren? Doch je virtuoser der Tanz mit dem Ball aussehen soll, desto mathematischer müssen die Spieler und Trainer mit dem Ball umgehen. Klingt fürchterlich, aber Mannschaften wie der FC Barcelona, Manchester United oder der FC Arsenal sind erfolgreich, weil sie die Zahlen des Spiels lesen können. Fußball sei keine Mathematik, hat Karl-Heinz Rummenigge einem Bayern-Trainer in der Stunde des Misserfolgs einmal an den Kopf geworfen. Seither hat sich die Trainerarbeit bei Bayern immer weiter mathematisiert.

Was die vier Männer der Firma Impire vor den Bildschirmen machen, heißt Tracking und wird die nächste Phase der Mathematisierung des Fußballs einleiten. Alle Spiele der Ersten und Zweiten Bundesliga werden von nun an in endlose Zahlenfolgen zerlegt, sie wachsen von Spieltag zu Spieltag zu einer Datenbank, wie es sie bisher in keiner Liga der Welt gibt. Aus dem Frankfurter Stadion fließen die Daten direkt ins Deutsche Fußballarchiv nach Köln.

Vor dem Spiel haben die Tracker dem Computer beigebracht, jeden Spieler zu identifizieren. Zwei HD-Kameras halten jede Bewegung auf dem Rasen fest, 25-mal pro Sekunde bestimmt der Computer die Positionsdaten jedes Spielers. Blickt der Rechner durch, hüllt er den Spieler auf dem Bildschirm rot ein, doppeln sich die Positionsdaten zweier Spieler, bekommen sie einen weißen Mantel, überschneiden sich drei Spieler, zum Beispiel bei Eckstößen im Strafraum, leuchten sie alarmierend blau. Dann muss der Tracker, der den FC St. Pauli im Blick hat, dem Computer mit Cursor und Tastatur helfen, die Spieler wieder auseinanderzuhalten; der zweite Tracker definiert die Frankfurter Spieler, der dritte verfolgt und markiert den Ball. Der vierte Tracker ist der Supervisor, er greift immer dann ein, wenn Probleme gelöst werden müssen.

Was im Frankfurter Stadion passiert, passiert in allen Stadien der Ersten und Zweiten Bundesliga: Keiner der

396 Spieler kann mehr einen Schritt machen, ohne dass die Software jede seiner Bewegungen festhält, analysiert, aufbereitet, vergleicht. Schon in der Halbzeit könnte Werder-Trainer Thomas Schaaf seinem linken Verteidiger vorhalten, wie viele Meter pro Sekunde sein Gegenspieler schneller ist als er. Und Marco Kurz, Trainer des 1. FC Kaiserslautern, könnte in der Halbzeitpause seinen Spielern zeigen, dass der Abstand zwischen dem linken Werder-Innenverteidiger und dem linken Außenverteidiger immer drei Meter größer war als auf der anderen Seite und deshalb in der zweiten Halbzeit noch mehr Angriffe als bisher über diese Seite laufen sollen.

In dem Zweitligaspiel an jenem Montag sind die Spieler des FC St. Pauli nach 15 Minuten zusammen schon 700 Meter mehr gelaufen als ihre Frankfurter Gegenspieler; und Fabian Boll, der schlaksige Mittelfeldmotor der Hamburger, ist in der ersten Viertelstunde mit der beachtlichen Durchschnittsgeschwindigkeit von 2,36 Metern pro Sekunde unterwegs. Kai-Norman Schulz, bei der Firma Impire zuständig für die Aufarbeitung und Vermarktung der Daten im Clubbereich, liest das auf seinem Smartphone ab – eine App liefert allen Ligavereinen solche Daten sekundenschnell.

Das Münchner Unternehmen Impire hat von der Deutschen Fußball Liga (DFL) den Zuschlag zur Erhebung der Spieldaten bekommen. Bisher ließ die DFL nur technisch-taktische Daten wie Ballbesitz, Flanken oder Torschüsse erheben, nun werden ligaweit auch physische Daten der Spieler wie Lauftempo, Ruhephasen oder Sprintintensität ausgewertet.

»Die neue Generation von Trainern«, sagt Holger Hieronymus, bei der DFL zuständiger Geschäftsführer für den Spielbetrieb, »findet es wichtig, den eigenen Eindruck aus dem Spiel mit solchen Daten zu untermauern und gegen-

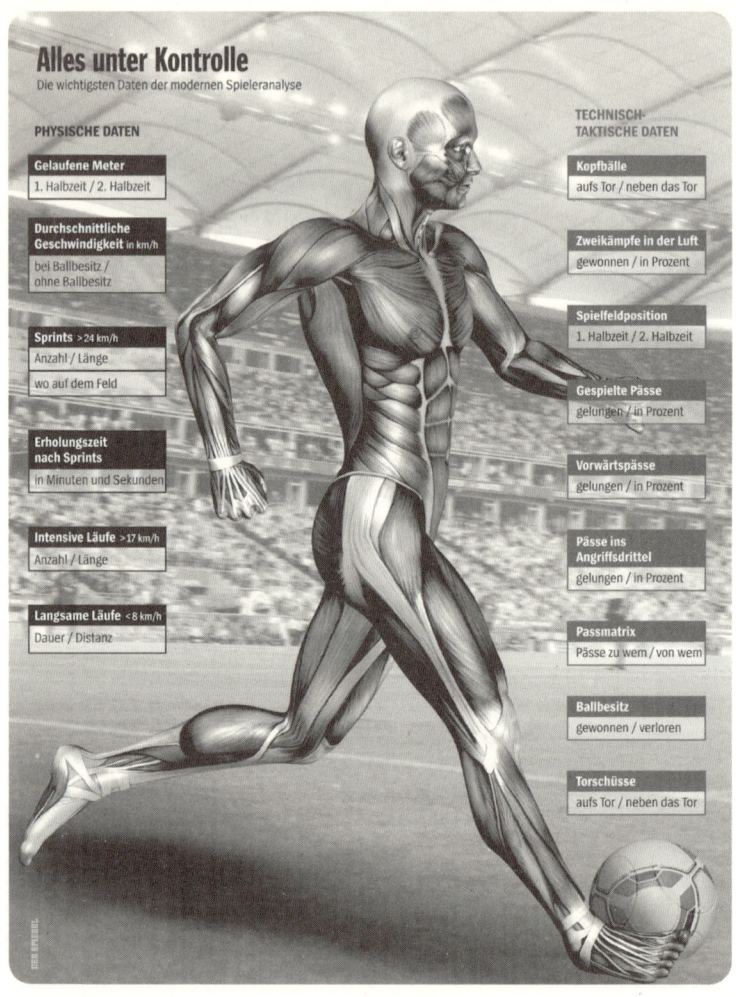

Alles unter Kontrolle
Die wichtigsten Daten der modernen Spieleranalyse

PHYSISCHE DATEN

Gelaufene Meter
1. Halbzeit / 2. Halbzeit

Durchschnittliche Geschwindigkeit in km/h
bei Ballbesitz /
ohne Ballbesitz

Sprints >24 km/h
Anzahl / Länge
wo auf dem Feld

Erholungszeit nach Sprints
in Minuten und Sekunden

Intensive Läufe >17 km/h
Anzahl / Länge

Langsame Läufe <8 km/h
Dauer / Distanz

TECHNISCH-TAKTISCHE DATEN

Kopfbälle
aufs Tor / neben das Tor

Zweikämpfe in der Luft
gewonnen / in Prozent

Spielfeldposition
1. Halbzeit / 2. Halbzeit

Gespielte Pässe
gelungen / in Prozent

Vorwärtspässe
gelungen / in Prozent

Pässe ins Angriffsdrittel
gelungen / in Prozent

Passmatrix
Pässe zu wem / von wem

Ballbesitz
gewonnen / verloren

Torschüsse
aufs Tor / neben das Tor

über dem Spieler dokumentieren zu können.« Der Aufbau einer zentralisierten Match-Analyse durch die DFL sei »die logische Entwicklung der letzten Jahre«, der Liga-verband gebe so allen Vereinen gleiche Möglichkeiten der

Spielauswertung und -vorbereitung. Bisher musste ein Verein an die Analyseunternehmen einmalig etwa 90 000 Euro für die Hard- und die Software sowie 3000 Euro pro Spiel zahlen.

In der englischen Premier League begann der Datenrausch des Fußballs schon vor zehn Jahren, Vereine wie Manchester United oder der FC Chelsea beschäftigen bis zu vier Spezialisten, die Spieldaten zur Dosierung des Trainings, zur Spielvorbereitung und zur Analyse der gegnerischen Mannschaften aufbereiten. Die Spitzenteams der spanischen Liga zogen nach, und auch in Deutschland nutzen seit ein paar Jahren einige Bundesliga-Clubs das vom Impire-Konkurrenten MasterCoach entwickelte Trackingsystem, zunächst Bayer Leverkusen, dann später Dortmund, Bayern München, der Hamburger SV, Mainz 05 und andere.

Für die Bundesliga-Saison 2010/11 ermittelte das Unternehmen aufschlussreiche Werte: Die Mannschaft von Meister Borussia Dortmund lief in jedem Spiel sechs Kilometer mehr als der Bundesliga-Durchschnitt, Absteiger Eintracht Frankfurt drei Kilometer weniger. Auch bei der Gesamtdistanz der Sprints (schneller als 24 km/h) und intensiven Läufe (schneller als 21 km/h) lag Frankfurt weit unter Schnitt, nur noch unterboten von Werder Bremen.

Christofer Clemens ist einer der deutschen Pioniere der modernen Spielanalyse, er betreute im Unternehmen MasterCoach lange Zeit die Nationalmannschaft, inzwischen ist er beim Hamburger SV Leiter der Abteilung Scouting und Spielanalyse.

»In keinem Verein wird die intensive Arbeit mit solchen Daten mehr als Spinnerei abgetan«, sagt er. »Und für viele Vereine, gerade in der Zweiten Liga, ist das Tracking durch die DFL ein Quantensprung.«

Nicht jeder Trainer schätzt die Erkenntnisse aus der Datenflut, mancher traut seinen Augen mehr als den Zahlen. Spitzentrainer wie José Mourinho, Arsène Wenger oder Alex Ferguson setzen auf die mathematische Unterstützung.

Aus den Daten lesen sie ab, wenn sich ein Spieler überfordert oder unterfordert, ob er nach einer Verletzung in alter Verfassung ist, wie er die Match-Strategie umgesetzt hat. Der eine Trainer klärt das im Vieraugengespräch, der andere mit Aushängen, der eine Spieler ist neugierig auf seine Daten, der andere fürchtet sie.

Aus den gemessenen Belastungen im Spiel kann jeder Coach ein spezifisches Training für seine Spieler ableiten. Und so manche Trainerweisheit lässt sich mit den Daten widerlegen. Spielt nicht so viel quer, passt nicht so oft nach hinten – wer die Passwege des FC Barcelona oder des FC Arsenal genau studiert, sieht, wie oft beide Teams mit Quer- und Rückpässen zum Erfolg kommen.

Die Medien sind ein dankbarer Abnehmer von Spieldaten, die helfen, das Geheimnis des Erfolgs zu ergründen und die Gründe für den Misserfolg zu beschreiben. Die Firma Impire hat von der DFL das Recht erworben, die Daten, die sie ermittelt, an Medien zu verkaufen. Es ist ein Gegengeschäft: Die DFL bezahlt Impire für die Datenerhebung, Impire zahlt an die DFL für die Datennutzung.

Sportjournalisten können nun viel genauer als bisher die Leistungen der Fußballspieler bewerten und kritisieren, sie können Spielereinkäufe angreifen mit Leistungsdaten, die bisher nur die Spieler und Trainer kannten. Darum gab es eine heftige Debatte zwischen Vereinen und der DFL darüber, welche Spielerdaten in die Öffentlichkeit gelangen sollen.

Impire plant, eine App für Bundesliga-Fans zu entwickeln, wie sie der Wettbewerber Opta schon für die Champions

League anbietet. Opta, 1996 in England gegründet, beliefert in Deutschland etwa den Bezahlsender Sky und viele Printmedien mit Daten, die Mitarbeiter aus der Analyse des Fernsehsignals gewinnen.

Die Konkurrenten Opta, MasterCoach, Impire und andere Anbieter hoffen darauf, dass viele Vereine ihre Dienste nutzen, um die neue Datenflut in Erkenntnisse umzusetzen. Zwar bekommen die Clubs die Daten kostenlos von der DFL, aber sie können sie nur nutzen, wenn sie die Zahlenkolonnen von einer der Spezialfirmen aufarbeiten lassen. Da sind Vereine wie Bayern München oder Bayer Leverkusen anderen Clubs wie dem FC St. Pauli oder dem 1. FC Kaiserslautern dann doch wieder überlegen: Sie haben mehr Erfahrung und mehr Geld, können eigene Spezialisten beschäftigen.

Positionszonen des St.-Pauli-Spielers Fabian Boll im Spiel gegen Eintracht Frankfurt
Darstellung der beiden Halbzeiten in eine Spielrichtung von rechts nach links

Der FC St. Pauli baut seine Analyseabteilung so aus, dass er Zahlen wie die aus dem Spiel gegen Eintracht Frankfurt in alle Richtungen auswerten kann. Mittelfeldspieler Fabian Boll legt in der Schlussviertelstunde mehr Meter zurück als in anderen Viertelstunden des Spiels, auch bei seinen Sprints kann er noch zulegen. Länger als sechs Minuten war er mit einem Tempo von mehr als 14,4 Kilometern pro Stunde unterwegs, 60 Minuten lang war er langsamer als 8 km/h. Wen das interessiert? Seinen Trainer und jeden St.-Pauli-Fan, der in den Tagen nach dem Spiel die 90 Minuten zerlegt.

95 Prozent aller Menschen mögen Fußball, hat Barcelonas Mittelfeldwunder Xavi Hernández einmal in der »Süddeutschen Zeitung« gesagt, aber nur zwei Prozent verstünden wirklich, was auf dem Platz passiert. Die Gier der Fans nach Zahlen ist der verzweifelte Versuch, zum Zwei-Prozent-Club zu gehören; je mehr Zahlen der Fußball produziert, desto größer wird die Zahl derjenigen, die sich im Club der Alleswisser wähnen. Und desto größer wird bei ihnen die Gewissheit, dass die Wahrheit nicht auf dem Platz liegt, sondern im Kopf. Ein Spiel dauert nicht 90 Minuten, sondern so lange, bis jedes Tor, jeder Pass, jeder Zweikampf analysiert, beredet und verglichen wird.

Das kann Stunden dauern, Tage, manchmal Jahre.

CORDT SCHNIBBEN

»DAS SCHÖNSTE IST DOCH, WENN DAS NETZ ZAPPELT«

Uwe Seeler über Auslandsreisen nach dem Krieg und das Niveau der heutigen Bundesliga

Herr Seeler, auf dem Foto, das zum Sportfoto des Jahrhunderts gewählt worden ist, sind Sie beim WM-Finale 1966 zu sehen: Sie schleichen mit gesenktem Kopf vom Platz.
Und Sie wollen jetzt bestimmt wissen, wann das Foto gemacht worden ist.

Genau. Weil doch immer wieder gestritten wird: in der Halbzeitpause oder nach dem Schlusspfiff?
Also, das kann ich leicht beantworten: Es muss nach dem Schlusspfiff gewesen sein. Da war die Königin im Stadion und deshalb auch die Kapelle, die auf dem Bild zu sehen ist. Und wenn man genau hinguckt, sieht man auch Willi Schulz im Hintergrund, der macht so ein trauriges Gesicht.

Aber Sie selbst haben lange gesagt, dass es in der Halbzeitpause aufgenommen worden sein muss.
Tja, so kann man sich täuschen. Ich hatte wohl ein bisschen oberflächlich hingeschaut. Heute bin ich mir sicher: Das war nach dem Schlusspfiff.

Das Spiel ging unglücklich verloren, unter anderem durch das umstrittene Wembley-Tor. Sind Sie heute noch traurig, wenn Sie an dieses Finale denken?
Ach was, darüber lache ich. Im Fußball muss man Dinge abhaken können. Es bringt doch nichts, lange darüber nachzudenken. Wenn du verloren hast, hast du verloren. Einen

Tag lang verarbeiten, dann wieder nach vorne schauen, so habe ich es immer gehalten.

Direkt nach dem Spiel haben Sie aber sicher über die verpasste Chance getrauert, oder?
Ich hätte lieber gewonnen, ist ja klar. Aber noch in London haben wir damals gefeiert. Nach dem Bankett sind wir in so eine Riesen-Disco gegangen. Max Lorenz, unser Verrückter, ist sogar auf die Bühne gestiegen und hat die Kapelle dirigiert. So viel Beifall hatte ich im Ausland noch nicht erlebt, Standing Ovations, die haben uns gefeiert.

Na ja, weil Sie verloren hatten und die Engländer damit Weltmeister geworden waren.
Die wussten doch alle, dass das kein Tor war. Aber im

Ernst: 1966 ist der Bann gebrochen, bis dahin war es bei Auswärtsspielen manchmal ganz schön schwierig. Besonders in den 50er-Jahren, so kurz nach dem Krieg. Bevor wir ins Ausland gefahren sind, hat Sepp Herberger erst einmal einen Vortrag darüber gehalten, was wir Deutschen da im Krieg gemacht hatten, was alles vorgefallen war. In Frankreich oder England sind wir dann auch nicht gerade freundlich empfangen worden. Umso mehr hat es mich 1966 gefreut, dass die Engländer uns gefeiert haben.

Erstmals haben Sie im Herbst 1954 in der Nationalmannschaft gespielt, im Alter von nur 17 Jahren. Stimmt es eigentlich, dass Sie die WM nur knapp verpasst haben?
Vor der WM 1954 habe ich das Weltjugendturnier in Deutschland gespielt. Da hat Herberger zwei, drei Spiele von mir gesehen, und da lief es recht gut für mich. Ich habe, glaube ich, 13 von 20 Toren geschossen, es hat ordentlich geknallt. Da hat Herberger wohl überlegt, mich zur WM mitzunehmen, aber das ging nicht mehr, weil er den Kader doch schon lange vorher anmelden musste. Sonst hätte er mich gerne mitgenommen – zumindest hat er das so gesagt.

Wie wichtig war es Ihnen damals, in der Nationalmannschaft zu spielen?
Wenn Herberger gerufen hat, dann wäre jeder von uns bis München mit dem Rad gefahren. Du musstest mindestens ein Jahr lang kontinuierlich gut spielen, um eingeladen zu werden. Bei mir kam noch ein bisschen Glück hinzu. Ich habe ja kurz nach der WM 1954 mein erstes Spiel für die Nationalmannschaft gemacht, in Hannover gegen Frankreich. Da war ich auch dabei, weil fast die ganze Mannschaft ausfiel, die hatten alle Gelbsucht.

Woher eigentlich?

Ich vermute, dass es von den Traubenzuckerspritzen kam, die alle bekommen haben.

Das klingt ein bisschen nach Doping, entsprechende Gerüchte gibt es ja über die Mannschaft von 1966.

Die Gerüchte halte ich für Quatsch, ich kann mir das nicht vorstellen. Und ich hätte es doch mitgekriegt! Wir waren immer zusammen, selbst bei der Massage waren wir zu viert oder fünft: Einer wurde massiert, die anderen haben dumme Sprüche gemacht, so war das damals. Und ich selbst hätte sowieso nie irgendwas genommen. Für mich war immer Schlaf die beste Medizin.

Wenn Sie sich erinnern, was Sie damals angetrieben hat: Kann man das mit dem Wort Ehre erfassen?

Ja, das trifft es gut. Geld hat jedenfalls keine Rolle gespielt. Wir haben 320 Mark Aufwandsentschädigung bekommen, später 400. Selbst als dann 1963 die Bundesliga eingeführt wurde, habe ich als der Spieler mit den meisten Länderspielen nur 1250 Mark brutto verdient. Da war gar nicht daran zu denken, den Beruf aufzugeben, das war ein Taschengeld. Deshalb habe ich immer gearbeitet und habe 1961 die Generalvertretung für Adidas übernommen. Da bin ich um die 60 000 Kilometer pro Jahr gefahren und habe unterwegs trainiert.

Bei Vereinen in den Orten, in denen Sie gerade waren?

Das habe ich zweimal gemacht, aber beide Male musste ich bis tief in die Nacht Autogramme schreiben, obwohl ich doch morgens wieder früh rausmusste, um zum nächsten Kunden zu fahren. Das ging so nicht mehr. Ich habe dann unterwegs nur noch alleine trainiert, Laufen und Gymnastik, also nur Fitnesstraining. Ich war sehr konsequent, es ist ja nicht so einfach gewesen, Fußball und Beruf zu vereinbaren. Das erfordert eine sehr solide Lebensweise. Ich war auch immer sehr rechtzeitig in der Kiste.

Sie hätten damals aber auch mit dem Fußball viel Geld verdienen können, Inter Mailand hat 1961 angeblich eine Million Mark geboten.
Ach, das stimmt doch gar nicht.

Nicht?
Das war noch weitaus höher, die haben immer mehr geboten. Inter Mailand war damals ja das Nonplusultra, finanziell und leistungsmäßig. Es war auch der einzige Verein, den ich mir angehört habe. Das hatte Niveau, von Montag bis Mittwoch haben wir uns im Hotel Atlantic hier in Hamburg unterhalten.

Im Ergebnis sind Sie in Hamburg geblieben. Warum?
Das war eine Bauchentscheidung. Ich bin ein Sicherheitsfanatiker, ich hatte einen Super-Beruf bei Adidas und habe mir gesagt: Wenn dir mal was passiert, dann haste was. Also bin ich geblieben.

Heute ist es völlig normal, dass Spieler ins Ausland wechseln und viele Millionen verdienen.
Das Preis-Leistungs-Verhältnis stimmt seit dem Bosman-Urteil überhaupt nicht mehr. Wissen Sie, ich gönne jedem Spieler die Euro, die er verdient. Aber für die Vereine passt es überhaupt nicht mehr. Ich rede nicht von den Spitzenfußballern, die sind das viele Geld vielleicht wert, aber bei den Normalbegabten stimmt es einfach nicht. Und wenn ein junger Spieler viel Geld verdient, dann glaubt er sofort: Ich bin Weltklasse. Da liegt der Hund begraben.

Wann hat eigentlich Ihr Verein, der HSV, angefangen, ausländische Fußballer einzusetzen? Einer der Ersten müsste doch Arkoç Özcan gewesen sein, der Torwart aus der Türkei.

(lacht) Der Erste war Jürgen Kurbjuhn aus Buxtehude. Das war ein Spaß, wir haben ihn damals aber wirklich immer Ausländer genannt, weil er eben nicht aus Hamburg kam. 1967 kam dann Özci, wie Sie es gesagt haben. Wobei der aus Österreich kam und schon Deutsch sprach. Wir sind heute noch viel zusammen, meine Kinder und Enkelkinder sind auch mit ihm befreundet, er gehört zur Großfamilie. Özci ist ein echtes Vorbild, wie er sich hier eingebracht hat.

Wie es heute im Fußballgeschäft zugeht, sehen Sie auch bei Ihrem Enkel, der es in die U15-Nationalmannschaft geschafft hat.

Über den möchte ich aber nicht sprechen. Er soll einfach Freude und Spaß haben und in Ruhe groß werden und ganz fest mit den Füßen auf dem Boden stehen.

Aber wir dürfen schon vermuten, dass er sehr talentiert ist?

Er ist nicht schlecht. Aber ich will ihn wirklich schützen, der soll erst einmal sein Abitur machen, das ist mir noch wichtiger.

Er erfährt ganz andere Förderung als Sie damals.

Ich habe auch jeden Tag trainiert, schon als Kind, aber eben auf der Straße oder auf den Trümmergrundstücken. Da haben wir immer gebolzt, einfach so. Heute ist alles organisiert. Schon die U15 und U16 machen Lehrgänge und spielen sogar international. Als ich die U17 bei der WM im Fernsehen gesehen habe, war ich schwer begeistert.

Ich habe mir fast jedes Spiel angeschaut, so gut haben die schon gespielt.

Fußball scheint heute fast eine Wissenschaft zu sein. Taktik spielt eine große Rolle, schon in der Jugend werden Spielsysteme geübt. Finden Sie das gut?
Ich bin ein alter Mann, ich kann nur warnen. Wenn man Fußball zu sehr verkompliziert, wird er nicht besser. Jeder Spieler hat seine Eigenschaften, da dürfen Sie nicht zu viel vorgeben. Ich sage nur ein Beispiel: Wenn Sie Boss Rahn Wege vorgegeben hätten, ihm gesagt hätten, dies oder jenes musst du machen, dann wäre er nur noch die Hälfte wert gewesen. Auch bei Wolfgang Overath hätte das niemals funktioniert.

Und bei Ihnen selbst?
Also, wenn man mir Laufwege vorgegeben hätte – ich bitte Sie. Da bleibe ich gerne altmodisch und zitiere Herberger, der seiner Zeit ja weit voraus war. Ich war siebzehn und saß zwischen Boss Rahn und Fritz Walter. Da sagte Herberger: Männer, wenn ihr den einfachen Fußball beherrscht, dann seid ihr Weltklasse, aber ich sage euch, Männer, das ist sehr, sehr schwer. Was in diesem einen Satz drinsteckt, das muss man da oben im Kopf erst mal verstehen! Als junger Bengel habe ich gefragt: Boss, Fritz – was meint er denn jetzt? Na, wir sollen nicht kompliziert spielen, haben sie geantwortet.

Inwiefern war Herberger seiner Zeit voraus?
Er hat zum Beispiel immer Bewegung gefordert. Die den Ball nicht haben, sollen sich bewegen, damit der Spieler mit dem Ball zwei, drei Möglichkeiten hat zu passen. Und dann soll er ganz saubere Pässe spielen, nicht angeschnibbelt oder so. Wenn Sie sich heute ein Spiel an-

schauen, dann sehen Sie noch immer: Wo Bewegung drin ist, da wird ein Spiel gut. Herberger hat immer gesagt: Der Ball ist schneller, als du laufen kannst. Auch zu Boss Rahn hat er oft gesagt, dass er mehr abspielen soll, aber das hatte natürlich seine Grenzen. Rahn hat immer gesagt: Ja, mache ich. Wenn er dann den Ball hatte, hat er doch nur das Tor gesehen.

Heute werden alle Bewegungen aller Spieler mit vielen Kameras erfasst. Helfen solche Analysen?
Wahrscheinlich rennen die Spieler mehr als früher. Aber das heißt ja noch nicht, dass die Qualität besser geworden ist. Was nutzt es mir denn, wenn ich hinterher erfahre, der oder der ist genau 11,2 Kilometer gelaufen. Wenn er die vergebens gelaufen ist, bringt das gar nichts. Die vielen Kameras und Statistiken gehören heute zum Geschäft, aber ich brauche die nicht. Ich sehe auch so, wer sich bewegt und wer nicht, wer gut spielt und wer schlecht.

Das Spiel ist viel schneller geworden. Hätten Rahn oder andere große Spieler von damals heute noch eine Chance?
Aber ganz sicher! Rahn oder Overath oder Günter Netzer würden heute genauso explodieren. Unter den gleichen Bedingungen, viel Geld, viel Pflege, täglich Training, da würden die sich natürlich durchsetzen. Wenn du nur noch trainierst und keine Sorgen um die Arbeit haben musst, dann ist das was anderes als früher. Da hatten wir einen Masseur, der nur auf Wunsch gekommen ist. Heute haben wir beim HSV fünf Physiotherapeuten.

Hätten auch Sie heute Erfolg?
Ach, von mir selbst will ich das nicht sagen. Aber wenn ich die freien Räume in der Bundesliga sehe, das hätte mir schon gut gefallen.

Ist das Niveau heute nicht viel höher als damals?

Ich freue mich wirklich für jeden, der mitspielt, ich will gar nicht alle kritisieren. Aber wenn ich sehe, wie schlecht in der Bundesliga viele Kopfball spielen! Da könnte man noch so viel verbessern. Ich habe ja vorm Training immer Kopfballpendel gemacht, alleine, hundert Stück, nur um die Technik zu verbessern: aus dem Kreuz köpfen, den Ball sauber treffen. Guckt euch das mal genau an, was da in der Bundesliga gemacht wird. Ich gucke genau hin und sehe, dass viele alles verkehrt machen. Und viele Stürmer verpassen den Abschluss, die machen eine Kurve und noch 'ne Kurve und wollen schön schlenzen, statt den Ball mit der Pike reinzuhauen, bevor der Torwart sich postieren kann. Ein Stürmer darf nicht zu viel Eierkram machen, der muss Tore machen. Das Schönste ist doch, wenn das Netz zappelt.

Welcher von den Stürmern heute gefällt Ihnen denn?

Klose gefällt mir gut. Und auch Gomez, aber der könnte auch noch mehr aus sich machen, bei der Größe.

Werden die beiden mit der Nationalmannschaft bei der Europameisterschaft 2012 den Titel holen?

Wenn wir so spielen, wie wir in der Qualifikation gespielt haben, dann gehören wir auf jeden Fall zu den Favoriten. Ich glaube, dass die Mannschaft beweisen will, einen Titel holen zu können.

Wer sind die größten Konkurrenten?

Holland ist immer gut, wenn die einen Lauf haben; aber die haben hinten große Probleme. England ist vielleicht unangenehm, aber die schätze ich als nicht ganz so stark ein. Und bei Italien kann man nie sicher sein, die können immer ein gutes Turnier spielen. Es bleibt natürlich: Spanien.

Kann Deutschland wirklich gegen Spanien gewinnen?

Ja, ganz bestimmt. Die Spanier sind auch anfällig. Auch wenn man schon sagen muss: Was die teilweise gespielt haben, das ist Perfektion. Diese Bewegung im Spiel! Das ist genau das, was Herberger gesagt hat: dass immer zwei, drei Leute anspielbar sind. Die spielen und gehen sofort wieder, sodass sie wieder angespielt werden können. Aber die werden auch mal einen schlechten Tag haben! Und den müssen wir nutzen.

Herr Seeler, wir danken Ihnen für dieses Gespräch.

»GIERIG AUF FUSSBALL«

Mario Gomez über das Versagen vorm Tor, die
Pfiffe des Publikums und seine neue Gelassenheit

Herr Gomez, bei der EM spielt Deutschland schon in der Vorrunde gegen die Mitfavoriten Portugal und Niederlande. Werden Sie auf dem Platz stehen?

Ich arbeite darauf hin. Aber ich sehe das alles gelassener als früher, das habe ich gelernt. Ich bin nach wie vor ehrgeizig, aber ich weiß: Es ist nun einmal so, dass wir in der Fußball-Nationalmannschaft ein System mit nur einem Stürmer haben, das ist das beste System für uns. Und da haben wir Miroslav Klose und mich, wir haben beide das Ziel zu spielen, der Trainer hat die Wahl. Es liegt also nicht in meiner Hand.

Lange Zeit schien es zwei Gomez zu geben: den Torjäger Gomez aus der Bundesliga und den Gomez in der Nationalmannschaft, der wenig Selbstvertrauen hat und kaum trifft.

Es war eine Blockade im Kopf, ein Zwang, es den Leuten zeigen zu müssen. Ich wollte beweisen, dass es eben nicht zwei Gomez gibt. Es lag definitiv nicht an meinem Leistungsvermögen, es spielte sich in meinem Kopf ab. Erst bei meinen letzten Länderspielen habe ich nicht mehr groß nachgedacht, was bei der EM sein wird, wer spielen wird. Ich weiß jetzt, dass es Wichtigeres im Leben gibt, als der Welt zu beweisen, dass ich der Stürmer Nummer eins für Deutschland bin. Wenn es bei der Europameisterschaft nichts wird, dann eben später.

Das würde Ihnen nicht wirklich gefallen.

Da haben Sie recht. Aber es wird kommen, wie es kommt. So sage ich mir das. Das Wichtigste für mich ist der Spaß am Fußball. Nur wenn ich Spaß habe, kann ich erfolgreich spielen. Auch die Weltmeisterschaft in Südafrika war wichtig auf dem Weg zu dieser Gelassenheit.

Sie haben dort auf der Reservebank gesessen und gute Miene zum Spiel gemacht.

Ich habe so eine Art Dauergrinsen aufgesetzt, da ich wusste, dass ich keine Chance mehr haben würde, ich bin nicht blauäugig. Und ich weiß auch, dass unzufriedene Ergänzungsspieler ihre schlechte Stimmung auf eine Mannschaft übertragen können. Insofern habe ich in Südafrika zum Erfolg beigetragen, aber es machte nicht glücklich. Ich habe ja sportlich nichts geleistet.

Was genau haben Sie bei der WM gelernt?

Wenn man sich zu viele Gedanken macht, klappt meistens gar nichts. Ich ging ohne große Erwartungen in die Vorbereitung, dann kam nach einer Supervorbereitung doch wieder der Anspruch hoch, die Nummer eins im Sturm zu sein. Ich wurde es nicht und war brutal enttäuscht. Das hat mich wieder runtergezogen, ich war nicht frei. Jahrelang war ich das in der Nationalmannschaft nicht. Jetzt endlich spüre ich nicht mehr den Druck, all diejenigen überzeugen zu müssen, die über mich denken: Der bringt es in der Nationalmannschaft nicht.

Die Leute haben Sie bei Länderspielen ausgepfiffen.

Man hat im Stadion immer sofort das Misstrauen bemerkt. Du fühlst die Unruhe gegenüber der eigenen Person. Einmal, in Kaiserslautern, hatte ich noch nicht eine einzige Aktion im Spiel, da ging es schon los mit den

Pfiffen. Aber vielleicht würde ich es als Fan genauso sehen: Man hat als Fußballfan eben einzelne Szenen vor Augen.

Sie sprechen vom EM-Turnier 2008 und von der Szene im Spiel gegen Österreich in Wien. Keine zwei Meter vor dem Tor beförderten Sie den Ball senkrecht in die Luft statt über die Linie.

Wenn die Fans große Hoffnungen in einen Spieler setzen und der dann so einen Ball bei einem Turnier verballert, hat man es schwer, sie wieder auf seine Seite zu ziehen. Inzwischen habe ich gelernt: Der Ball kommt wieder.

Was meinen Sie damit?

Irgendwann kommt die nächste Torchance, und der Ball wird drin sein. Es ist schwer, dieses Bewusstsein zu entwickeln, weil man ja in der Gegenwart lebt. Aber wenn man daran glaubt, dass die Chance wiederkommt, kommt sie auch.

Haben Sie manchmal Angst, sich zu blamieren?

Im Spiel? Ich bin Stürmer, und man blamiert sich automatisch, wenn man Torchancen vergibt. Das kommt vor.

Und im Leben? Als Sie mit 15 Jahren aus der oberschwäbischen Provinz ins Jugendinternat des VfB Stuttgart kamen, stellten Sie Ihre Sprache um. Sie wollten nicht als Landei gelten?

Ich stehe zu meinen Wurzeln. Aber ich war damals in der Pubertät, und außerdem: Den Slang aus unserem Dorf versteht nicht jeder.

Teile des Publikums haben sich eine Zeit lang über Sie lustig gemacht, zum Beispiel Ihre Frisuren verhöhnt. Auch

Ihre Torero-Geste, mit der Sie Ihre Tore feiern, wirkt nicht elegant.
Ich will ja keinen Schönheitspreis damit gewinnen, sondern meine Freude ausdrücken.

Die Geste ist eine Anspielung auf Ihre spanischen Wurzeln.
Es ist die Reaktion auf ein Plakat. Auf dem wurde ich in meiner Stuttgarter Zeit einmal als »TORero« angekündigt.

Ihr Vater ist Spanier, kam als Gastarbeiterkind nach Deutschland und führte dann einen Malereibetrieb.
Ich bin ein einfacher Junge, gerade das wollte ich den Leuten, die mich ausgepfiffen haben, immer zeigen. Diese Leute haben ein falsches Bild von mir, aber es ist mir jetzt egal.

Inwiefern falsch?
Mein Daddy musste stets hart malochen für das Leben, das er führt. Auch meine Schwester, die Architektin ist, und meine besten Freunde, die aus unserem Dorf stammen und studiert haben, müssen einen hohen Aufwand betreiben. Ich weiß das, und ich bin dankbar für das privilegierte Leben, das ich haben darf. Aber es gibt Spieler, die polarisieren einfach. Dabei habe ich nicht einmal einen großen Beitrag dazu geleistet, ich habe keinen Gegner in den Hals gebissen, keinen umgehauen.

Ihre Bewegungen wirken, vielleicht wegen Ihrer Statur, bisweilen ungeschmeidig und staksig. Ist Ihr Rivale Klose der technisch bessere Kombinationsspieler?
Natürlich ist der Miro ein toller Stürmer, ich habe nie etwas anderes behauptet. Aber ich glaube, dass ich zuletzt auch in Länderspielen ein passabler Kombinationsstürmer

war, der nicht nur Tore geschossen, sondern auch Chancen mit herausgespielt hat.

Sind Sie am Ball besser geworden, wendiger?
Wenn es gut läuft, wollen mir die Journalisten alles Mögliche andichten. Ich hätte abgenommen, habe ich auch schon gehört. Dabei wiege ich genauso viel wie seit Jahren. Wenn ich ins Tor treffe, wirkt plötzlich alles spritzig und elegant. Natürlich entwickelt man sich weiter, wir trainieren ja auch täglich.

Sie sind immer noch der teuerste Spieler, den je eine deutsche Mannschaft verpflichtet hat, rund 35 Millionen Euro zahlte der FC Bayern 2009 an Ablöse. Trainer Louis van Gaal konnte trotzdem nichts mit Ihnen anfangen.
Von Beginn an hat er mir zu verstehen gegeben, dass er mich nicht gekauft hätte. Seinetwegen sei ich nicht da, meinte er. Okay, dachte ich, das sind ja super Voraussetzungen hier. Als er dann zu Beginn der zweiten Saison wieder zu mir sagte, ich sei nicht sein Stürmer und sollte besser gehen, habe ich beschlossen: Gut, versuche ich es mal ein Jahr lang woanders. Wenigstens war er immer offen und ehrlich zu mir. Aber natürlich dachte ich: Der Mann zerstört mir meinen Traum, bei Bayern zu spielen, er vermasselt mir alles.

Die Clubführung hat dann ihr Veto gegen Ihren Vereinswechsel eingelegt. Das war wohl Ihr Glück?
Am Ende entscheidet immer die Leistung. Wenn man gut trainiert und bei seinen Einsätzen gut spielt, lässt einen kein Trainer der Welt draußen. Und so war es dann ja auch. Uli Hoeneß und Karl-Heinz Rummenigge sagten nur zu mir: Hol alles aus dir raus, was du drauf hast, dann schauen wir mal. Uli Hoeneß meinte, sein Bauchgefühl sage ihm,

dass ich noch wichtig werde für Bayern München. In der Situation konnte ich es kaum glauben, weil es keinen Sinn ergab, ohne dass der Trainer auf mich setzte.

So hat mancher Trainer Höchstleistungen aus Ihnen herausgekitzelt. Felix Magath soll Sie in Stuttgart an den Rand des Zusammenbruchs getrieben haben.
Ich war 17. Es war mein erstes Trainingslager bei den Profis. Er wollte mich testen, schauen, wie weit er gehen kann. Das hat er mir später erzählt, als er mir meinen ersten Profivertrag anbot. Ich war zäh und konnte mich quälen, das hat ihm gefallen.

Jupp Heynckes wirkt dagegen eher väterlich.
Auch er ist sehr ehrgeizig, total fordernd. Von der Art ist er komplett anders als van Gaal, aber von der Idee, Fußball zu spielen, nicht so gravierend weit von ihm entfernt. Auch wenn er die Defensive bei uns verstärkt und dafür gesorgt hat, dass wir in das Positionsspiel auch Überraschungsmomente einbauen. Heynckes ist ein Perfektionist.

Können Sie diese Saison mit dem Europameistertitel krönen?
Der Anspruch ist da. Die Leute sind eigentlich seit 2006 ziemlich euphorisch. Damals war Deutschland mit Platz drei am Limit. Jetzt haben wir eine unglaubliche Breite an talentierten Spielern. Für die offensive Spielweise bekommen wir weltweit Anerkennung. Es gibt ja auch wirklich keine langweiligen Länderspiele mehr. Vor der Partie gegen die Niederlande haben mich noch Freunde gefragt: Na, gibt's einen müden Freundschaftskick? Glaube ich nicht, habe ich gesagt, dafür ist unsere Mannschaft viel zu gierig auf Fußball, sie sprüht vor Spielfreude.

Sie saßen gegen die Holländer auf der Bank.
Aber es hat Spaß gemacht, es war ein schöner Tag. Ich war 90 Minuten lang Fan, total begeistert. Deutschland ist nicht mehr das Land, das bei Turnieren hellwach ist, aber grausam kickt. Vor ein paar Jahren hat sich die deutsche Mannschaft noch über Standardsituationen definiert. Oder über Einzelaktionen von Bernd Schneider, Kopfbälle von Michael Ballack. Hatte einer von ihnen einen schlechten Tag, kam nichts. Jetzt ist es das ganze System, das funktioniert, es ist moderner Fußball; da kannst du Spieler austauschen, wie du willst. Mittlerweile sind wir neben Spanien die am attraktivsten spielende Mannschaft.

Und Sie wollen auch gar nicht mehr unbedingt in der spanischen Liga spielen wie noch vor ein paar Jahren?
Gut, ein Teil meiner Familie lebt dort, ich spreche die Sprache. Aber hier spiele ich bei einem Club, mit dem ich jedes Jahr nationaler Meister werden, auch die Champions League gewinnen kann. Und hier hat man die deutsche Organisation, die weiß man als Spieler zu schätzen. Wir haben die schönsten Stadien, eine tolle Atmosphäre.

Hat sich das Klima auf dem Spielfeld nach dem Suizidversuch des Schiedsrichters Babak Rafati gewandelt?
Im Auswärtsspiel bei Mainz 05 gab es eine Situation, da hätte ich ohne den Fall Rafati wahrscheinlich noch anders reagiert. Es war kurz vor Schluss, wir liegen 2:3 zurück. Ein Gegenspieler rutscht aus, ich stehe allein vor dem Tor, der Ball geht rein, aber der Schiedsrichter pfeift: Foul. Ich bin sofort zum Schiedsrichter hingelaufen, früher wäre ich wohl mehr ausgerastet.

Und diesmal?

Er hat halt gepfiffen, kam mir in den Sinn, ich kann es nicht mehr ändern. Also habe ich ganz ruhig mit ihm geredet. Von hinten wird es wohl wie ein Foul ausgesehen haben. Er hat ja nicht absichtlich falsch entschieden. Auch nach dem Spiel wollte ich mich jetzt nicht vor die Kameras stellen und mich beschweren nach dem Motto: Mit einem vernünftigen Schiedsrichter hätten wir noch 3:3 gespielt. Es ist bedenklich, dass erst etwas Schlimmes passieren muss, bevor wir uns über unser Verhalten Gedanken machen. Aber ich bin überzeugt, wir werden alle in Zukunft sensibler sein.

Herr Gomez, wir danken Ihnen für dieses Gespräch.

LEKTÜRETIPPS

Die Wahrheit ist bekanntlich auf dem Platz, aber das heißt nicht, dass nicht neben dem Platz sehr, sehr viele Bücher über Fußball geschrieben würden. Selbst Theologen haben sich schon des Spiels angenommen und versammeln in dem Band »Fußballgott« ihre Erkenntnisse als »elf Einwürfe«. Was die Professoren umtreibt, klingt durchaus überraschend, die Aufsätze tragen unter anderem folgende Untertitel: Wie Fußballer zu Göttern und wieder zu Menschen werden. Was die Kirche vom Fußball lernen kann. Wie Fußball zu einer spirituellen Erfahrung werden kann.

Nicht nur die Theologie, sondern auch viele andere Wissenschaften hat der Journalist Armin Himmelrath in den Blick genommen. In seinem Buch »Macht Köpfen dumm? Neues aus der Fußball-Feldforschung« beschreibt er die Bemühungen von Juristen, Germanisten, Ingenieuren, Informatikern, Musikwissenschaftlern und anderen. Nicht immer finden sie eindeutige Antworten. Ob Kopfbälle denn nun dem Kopf schaden, bleibt laut Himmelrath offen: »Die Forscher sind sich also, wie bei allen großen Fragen der Wissenschaft, überhaupt nicht einig.«

Im Übrigen könnte es ganz schön schwerfallen, den Überblick über die anschwellende Zahl von Fußballbüchern zu behalten. Wäre da nicht ein Verein, der Jahr für Jahr eine nahezu vollständige Liste aller Bücher veröffentlicht und auch noch eine wohlbegründete Auswahl der besten trifft. Er heißt »Deutsche Akademie für Fußballkultur«, ein hochtrabender Titel, dahinter verbirgt sich eine Ansammlung von rund hundert Experten, darunter ein SPIEGEL-Kollege. Die Experten küren in jeder Saison nicht nur den schönsten Fußballspruch, sondern auch das beste Fußballbuch. 2011 landete ein verdienstvolles Werk von Dietrich Schulze-Marmeling auf Platz 1: »Der FC Bayern und seine Juden – Aufstieg und Zerschlagung einer liberalen Fußballkultur«.

Zu den Fußballbüchern, die in jüngerer Zeit großes Aufsehen erregt haben, gehört die Biografie des verstorbenen Nationaltorwarts Robert Enke. »Ein allzu kurzes Leben« lautet der Untertitel des Buchs, das sich keineswegs in einer Schilderung der sportlichen Karriere des Torwarts erschöpft. Der Autor Ronald Reng kann sich unter anderem auf die Tagebuch-Eintragungen Enkes stützen, um dessen Seelenleben nachzuzeichnen, die Zweifel, die Ängste, die Depressionen. So gelingt ihm ein eindrückliches und zugleich nachdenklich stimmendes Buch über persönliches Unglück im scheinbar großen Glück.

Leichter fällt die Lektüre eines anderen empfehlenswerten Werkes über einen Torwart, das Ronald Reng verfasst hat. »Der Traumhüter« erzählt die Geschichte des Kreisliga-Torwarts Lars Leese, der durch eine Verkettung von Zufällen zum Helden in England wird, als er dem Erstligisten Barnsley zum Sieg über den FC Liverpool verhilft. Fast ein Märchen erzählt auch der US-amerikanische Autor Joe McGinniss in seinem Buch »Das Wunder von Castel di Sangro«: der Aufstieg eines Dorfvereins in die zweite italienische Liga mit nicht nur lauteren Mitteln.

Lesenswert sind mehrere Bücher des Fußballkenners Christoph Biermann. »Fast alles über Fußball« bietet skurrile und überraschende Fakten aus der Fußballgeschichte, »Die Fußball-Matrix: Auf der Suche nach dem perfekten Spiel« tiefe Einsichten in das Fußballgeschehen von heute. In einem seiner vorherigen Bücher hat der Journalist Biermann, tätig unter anderem für den SPIEGEL-Verlag, die Welt der Fußballfans beschrieben, es trägt den schönen Titel: »Wenn du am Spieltag beerdigt wirst, kann ich leider nicht kommen«.

Fußballer selbst gelten ja nicht unbedingt als Literaturkenner – doch auch diese Regel kennt eine Ausnahme, ein Team nur aus Schriftstellern. Die Autorennationalmannschaft, kurz Autonama, besteht aus Romanciers, Lyrikern und Dramatikern. Gründer ist Thomas Brussig. Im Frühjahr 2011 haben die Kollegen Albert Ostermaier, Norbert Kron und Klaus Cäsar Zehrer einen Sammelband herausgegeben: »Fußball ist unser Lieben. Neue Geschichten der Autorennationalmannschaft«. Im Frühjahr 2012 hat Moritz Rinke, auch er ein Autonama-Mitglied, einen Band vorgelegt, in dem er ebenfalls Liebeserklärungen an den Fußball versammelt: »Also sprach Metzelder zu Mertesacker ...«

Und sonst? Vielleicht noch zwei Empfehlungen. Das bekannteste Fußballbuch überhaupt soll nicht fehlen, der Roman »Fever Pitch« von Nick Hornby, längst ein Klassiker. Und schließlich sei ein weithin unbekannter Band erwähnt, Ludwig Harigs gesammelte Fußballsonette, erschienen 2006. Eine Kostprobe aus dem »Ersten alexandrinischen Sonett über den Fußball«: »O abgetropfter Ball! O eingeschlenztes Leder! / Der fußerzeugten Kunst begleicht und opfert jeder / Tribut und Obolus im hirnverzückten Schrei.« Wer's mag, möge sich die Gedichte kaufen. Wer nicht, kann sich mit dem Titel des Buchs trösten, in dem sich das zitierte Sonett findet. Der Titel lautet: »Die Wahrheit ist auf dem Platz«. Hatten wir es nicht gleich gesagt?

DANK

Die Autoren danken allen Kolleginnen und Kollegen, die einen Beitrag zu diesem Buch geleistet haben, insbesondere Jörg Kramer, Peter Lakemeier, Dr. Andreas Meyhoff, Angelika Mette, Peer Peters, Gerhard Pfeil, Cordt Schnibben und Antje Wallasch.

Den Text »Der nackte Profi« hat SPIEGEL-Reporter Cordt Schnibben verfasst. Er ist erstmals in der SPIEGEL-Ausgabe 31/2011 erschienen.

Das Interview mit Mario Gomez haben die SPIEGEL-Redakteure Jörg Kramer und Gerhard Pfeil geführt. Es wurde erstmals in der SPIEGEL-Ausgabe 49/2011 veröffentlicht.

Martin Doerry/Markus Verbeet (Hg.). Wie gut ist Ihre Allgemeinbildung? Der große SPIEGEL-Wissenstest zum Mit-
machen. KiWi 1162. Verfügbar auch als 🔲Book

Nur Mut – testen Sie jetzt Ihr Allgemeinwissen!

Über 600.000 Leser haben am großen SPIEGEL-Wissenstest im Internet teilgenommen, dem bisher größten Test
des Allgemeinwissens in Deutschland. Nur 26 von ihnen
konnten alle Fragen richtig beantworten. Und wie steht
es um Ihre Allgemeinbildung?

Testen Sie auch Ihr Wissen über die Welt von heute und gestern!

Christoph Biermann. Die Fußball-Matrix. Auf der Suche
nach dem perfekten Spiel. KiWi 1180
Verfügbar auch als ☐Book

Wo Meinung war, wird Wissen sein

»Man tut das ja eigentlich nicht, Bücher verschreiben. Aber
diesmal muss es sein, ausnahmsweise: Wer sich wirklich
für Fußball interessiert, der möge dieses großartige Buch
lesen. Und alle anderen ebenso.« *Süddeutsche Zeitung*

»Ein höchst erstaunliches Buch ... über die fußballerische
Moderne.« *11 Freunde*

Moritz Rinke. Also sprach Metzelder zu Mertesacker ...
Lauter Liebeserklärungen an den Fußball. KiWi 1257
Verfügbar auch als ☐Book

Literatur und Fußball: Ist nicht beides zunächst Spiel? Und geht es nicht trotz des Spiels in der Fiktion und auf dem Rasen immer um alles, ums Letzte, ums Ganze? Moritz Rinke, einer der bekanntesten Dramatiker Deutschlands, Romancier und selbst Stürmer in der DFB-Autoren-Nationalmannschaft, hat seiner großen Leidenschaft nun endlich ein Buch gewidmet: Er schreibt für Angela Merkel Liebesbriefe an Bastian Schweinsteiger, für Jogi Löw Wutreden, über Kloses Torkrisen Dramolette und entführt den DFB-Pokal heimlich in die Berliner Nacht.

www.kiwi-verlag.de

Ranga Yogeshwar. Sonst noch Fragen? Warum Frauen kalte
Füße haben und andere Rätsel des Alltags. KiWi 1103
Verfügbar auch als eBook

Warum funkeln Sterne? Wieso bekommt man Gänsehaut?
Was passiert beim Niesen? In diesem Buch beantwortet
Ranga Yogeshwar 108 spannende und unterhaltsame Fra-
gen aus allen Bereichen unseres Lebens.

»Täglich machen wir Beobachtungen und fragen nach
den Ursachen. Ranga Yogeshwar gibt verständliche Erklä-
rungen.« *Peter Grünberg, Physik-Nobelpreisträger 2007*

www.kiwi-verlag.de

Ranga Yogeshwar. Ach so! Warum der Apfel vom Baum fällt
und weitere Rätsel des Alltags. KiWi 1188
Verfügbar auch als eBook

Mitten in der Nacht fragen wir uns, ob wir so schlecht
schlafen, weil gerade Vollmond ist, am Morgen, beim Blick
in den Spiegel, woher die grauen Haare kommen, und mit-
tags, warum der Knödel sich im Topf dreht. Ausgehend
von ganz einfachen Fragen erklärt Ranga Yogeshwar auf
gewohnt unterhaltsame und verständliche Weise Rätsel
des Alltags – und schreckt dabei auch vor Selbstversuchen
nicht zurück!

Spaß und Lernerfolg garantiert!

Bastian Sick. Wie gut ist Ihr Deutsch? Der große Test.
KiWi 1233. Verfügbar auch als eBook

Wie lautet die Mehrzahl von Oktopus? Was ist ein Pran-
zer? Wofür stand die Abkürzung SMS vor hundert Jahren?
Und ist Brad Pitt nun der gutaussehendste, bestausse-
hendste oder am besten aussehende Filmstar unserer
Zeit? Der große Deutschtest von Bestsellerautor Bastian
Sick versammelt spannende Fragen aus dem Fundus der
Irrungen und Wirrungen unseres Sprachalltags.

Holger Dambeck. Je mehr Löcher, desto weniger Käse.
Mathematik verblüffend einfach. KiWi 1234
Verfügbar auch als 🔲Book

Mathematik: Die einen lieben sie, die anderen bekommen
Albträume. Dabei hat jeder von uns tief in sich viel für
Zahlen übrig. Selbst Affen, Raben und Bienen tun es: rech-
nen. Holger Dambeck schlägt den Bogen vom angebore-
nen Zahlensinn über verblüffend einfache Tricks bis hin
zur Eleganz mathematischer Beweise – und liefert spannende Einblicke in die faszinierende Welt der Mathematik. Dieses Buch zeigt spielerisch und unterhaltsam, was
Mathematik wirklich ist: Spaß am kreativen Denken!

www.kiwi-verlag.de